いのち輝かす仏教

心が疲れた人に届けたい21のメッセージ

Shinohara Eiichi

篠原鋭一

大法輪閣

はじめに

お寺の門を開き続けて、多くの方々とお会いしています。十五歳の少年から八十六歳のお年寄り、老若男女。皆さん、いつの間にか背負ってしまった苦しみから解放されたいと訴え、いつまでも涙を流す方も少くありません。特効薬を持っていない私です。そんな私が語りかけることは……。

しあわせは各駅停車で行くから見つかるのです。

人生を列車にたとえるなら、あなたはどんな列車に乗っていますか？

「かなしみ号」ですか？

それとも「苦しみ号」ですか？

私たちは人生の途中、さまざまな列車に乗らなければなりません。また何度も何度も列車を乗り継いで、人生の旅路を進まなければなりません。

それらの列車は、特急や新幹線ではないはずです。多くは各駅停車……。

実は急がないでゆっくりと、ひと駅ひと駅止まる各駅停車で行くから、出会える駅があるんです。

その名は、「しあわせの駅」。

「しあわせの駅」に着いたら迷わず降りてみましょう。ひと列車くらい遅らせてもいいではありませんか。

いったん「しあわせの駅」の改札口を通ると、あなたの人生はすっかり変わっています。

その名の通り、しあわせになっているのです。「しあわせの駅」の改札口を出たら、そこには「しあわせ」へ通じる道がまっすぐ続いています。

こんな詩をさしあげたこともありました。

しあわせの駅

この小さな駅の名前は「しあわせ」
各駅停車の列車しか止まらない

もうすぐ列車が到着する

列車から
しあわせが降りてくる
かなしみも降りてくる
苦しみだって降りてくる
でも　みんな　この駅に降りると
しあわせは　もっとしあわせになる
かなしみは　しあわせに変わる
苦しみだって　しあわせへの出口を通る

各駅停車に乗っていたからこそ
しあわせ駅に
降りることができた
しあわせ駅は
人生列車の各駅停車駅
急いでいたら通り過ぎてしまう駅

〝人生に絶望した〟と訴える中高年の男性には、こんなひと言を伝えました――「ゆったりと大らかに」と。

「祇園精舎《ぎおんしょうじゃ》の鐘の声、諸行無常《しょぎょうむじょう》の響きあり……」。これはご存知『平家物語』の始まりの一節です。そしてこの言葉は、日本人の無常観をよく言い表しているといわれます。つまり人の世は花の命にも似てはかなく、すべてのものは変化するというのです。

「無常に耐えて強く生きよう、二度とない今日のいのち」。これは日航機事故で肉親を失った遺族の方々を励ますために作られたことばです。〝二度とない今日のいのちを精いっぱい生かそう、どんなつらいことがあってもじっと耐えていこう、きっと、輝く人生が待っているのですよ〟と励ましてくれています。

お釈迦さまが教えてくださった諸行無常の意味は、〝この世のすべては移り変わり、絶えず流れてとどまることはない。この真理をしっかりと見極めて生きよ〟ということです。

この教え、分かったつもりでも自分のものとして、日常の生活の中に生かすことは、現実的にはなかなかむずかしいものです。そこで一歩進めて、「どんな苦しい時でも、同じ状態は続くことはない、いつか必ず光明《こうみょう》が見えてくる。今はその苦しみに耐えて、授かったいのちを生きて生きて、生き抜く、人生修行の大チャンス！」と受けとめてはいかがでしょう。「早く」「急げ」の世間だからこそ、「ゆったりと大らかに」の思いを持って生きたいものです。
私がお伝えするひと言ひと言は、仏さまに教えて頂いた「人間の生き方」をもとにしていることは言うまでもありません。私がお寺をおあずかりして二十五年。本書はこの年月にお会いした方々から学んだこと、教えて頂いたことを随筆《ずいひつ》として表現したと受けとめてください。題名通り、仏さまの教えは、多くの人々を光明で照らします。光明によって見えてくるのは「しあわせの駅」。本書が皆さまを「しあわせの駅」へご案内できますように……。

篠原 鋭一　合掌

目次

第二章　感謝が人を幸せにする

第三章　苦しみを〝ほどく〟ために

第四章　ほとけの心を生きる

●装幀……山本　太郎

第一章

いのちの光

1

今日からお前を光に生き直すから

共に行きましょう、一緒に歩きましょう

私が住職を務めている長寿院《ちょうじゅいん》が「自殺志願者駆《か》け込《こ》み寺《でら》」と呼ばれるようになってから、早いものでもう二十年になろうとしています。

お寺を訪ねてこられた方も、電話をかけてこられた方も、ほとんどの方は自分の思いをすぐに話すことはなさいません。実はできないのです。

なぜなら、これまでずっと一人で胸の内に抱え込んでいた苦しみを、本当に話していいものかどうか、話すとしたらどう話せばいいのか、迷いと戸惑《とまど》いが襲ってくるからに他なりません。

こんな時、私はご本人からお話してくださるまで、じっと待ち続けます。急ぎ立てることは決

してしない。〝この人なら話してもいい。きっと受け入れてくれるはずだ〟との信頼が生まれなければ、対話も傾聴《けいちょう》も成立しないということを、長年の体験から学んだのです。

やがて意を決したのか、ポツリポツリと抱えている苦しみを口にする女性。中には堰《せき》が切れたように一気に言葉があふれ出してくる中年の男性。あまりにも多くの苦しみを背負いすぎていて、話に脈絡《みゃくらく》がなくなってしまう若者も少なくありません。

私は、どんな言葉にもとことん耳を傾《かたむ》け、まるごと受け止めます。そしてその方が苦しみから抜け出し、死に向いていた意識が〝生〟へと変わるまで、でき得《う》る限り、すぐそばで寄《よ》り添《そ》うことこそ私の役割だと考え、仏さまの教えにある〝同事行《どうじぎょう》〟を修行させて頂くことにしているのです。同事行とは、

明るい道も暗い道も共に行きましょう
近い道も遠い道も一緒に歩きましょう

との教えであると私は受け止めています。

○Wご夫妻のお話

対話や傾聴活動から、多くのことを学ばせて頂くことができました。それは〝いのちの重さ〟であり〝生きることの厳しさ〟であり、正《まさ》に〝誰もが本来仏さまである〟という真理です。

Wご夫妻が長寿院をお訪ねくださって二年が過ぎていました。未《いま》だにお二人の顔は憔悴《しょうすい》の色が消えてはいません。

そして幾度《いくど》聞いたことでしょう。今日も同じ話を繰り返し話し続けます。

まずはご主人です。

「娘は、風呂場で手首を切って息絶《いきた》えていました。変わり果てたわが子の第一発見者が父親の私です。こんな残酷なことがあるでしょうか！　住職さんにはこんな言い方申し訳ありませんが、〝神も仏もあるもんか〟と私は思います！　ウーッ」

大粒《おおつぶ》の涙を止めることもなく、ご主人は嗚咽《おえつ》するばかりです。

奥さまも訴えます。

「死にたいほど悩んでいたのなら、なぜ打ち明けてくれなかったのか。きっと私を母親と思っていなかったのです。私の育て方が悪かったにちがいありません。娘にもう一度会って聞いてみたい。いいえ、謝りたいのです。あなたの苦しみを汲《く》みとれない悪いお母さんだったねって……。ですからあの子の後を追いたいのです。ワーッ」

二人の嗚咽はいつまでも続くばかり……。

実は二年前、三十歳になった長女K子さんが、嫁ぎ先で夫との不仲を苦に自ら生命を絶ったのでした。Wご夫妻はK子さんのことを一瞬たりとも忘れることができないため、二人で長女のもとへ行きたい、つまり〝後追《あとお》い自殺をしたい〟と私に訴え続けているのです。

時には数時間もの間語り合い、食事を共にして、二人の心の奥深くに居座《いすわ》っている〝自殺願望の岩〟を崩そうと試みるのですが、会うたびに同じ会話の繰り返しで前進がありません。正直、私も困り果てていたのです。

そんなある日。大学生の長男M君も同席して語り合っていた時のことです。奥さまが小声で言いました。

「私、満州《まんしゅう》で生まれました。でも両親が亡くなったので、おばあちゃんが私を抱いて日本に連れて帰ってくれたのです。なぜおばあちゃんは命がけで私を連れて帰ったんでしょうかねぇ……」

奥さまの言葉が終わった時、私は思わず叫んでいました。

「あなたは、おばあちゃんにとって生きる希望であり、光だったにちがいありません。奥さん、あなたはおばあちゃんが命がけで救ってくださったからこそ、今ここにいるんです。今生命があるのです。その尊い生命を自分で殺すのですか！　どうしてもそうしたいのなら、おばあちゃんに恩返ししてからにしてください！」

奥さまが、大粒の涙を流しながら激しく問いかけてきます。

「亡くなってしまったおばあちゃんに、今さらどうして恩返しができるんですか！」

「ここにM君がいるじゃありませんか。M君の生命の中におばあちゃんが生きておいでになる。おばあちゃんへの恩返しは、M君を立派な大人に育て上げることです。おばあちゃんにとって、孫のあなたが光であったように、あなた方ご夫妻にとってM君は、大きな大きな、明るい明るい、光じゃありませんか！　そうでしょう」

「私にはできません。この子はもう大人になりましたから、私たちがいなくても生きていけます……」

「ちがいます。年齢にかかわりなく親子です。親子という深い縁《えにし》はきれません。もう一度考えてみてください。お二人が自死なさったからといってお嬢さんが喜びますか？　お嬢さんは、M君を光にお二人が強く生きることを望んでいるにちがいありません。あなた方家族が幸せになることこそ、亡きお嬢さんへの本当の供養《くよう》になるのですよ……」

長い沈黙の時が流れましたが、それを破ったのはM君でした。

「お父さんもお母さんも勝手すぎるよ。ぼくだってお父さんお母さんの子供なんだよ。ぼくは世界一の父親母親を持って幸せだと思ってるよ。お姉ちゃんのことは悔しい……。でもお姉ちゃんに続いて二人がいなくなったら、ぼくどうしたらいいんだよ！　一人ぼっちになるじゃないか！　ワァッ」

号泣《ごうきゅう》するM君を奥さま、いえお母さんが駆け寄り抱きしめて告げました。

「M君ごめんね。ごめんね。許して！　お母さんがまちがっていた。あなたは私たちの大切な、かけがえのない息子よね。お母さん、もうお姉ちゃんの後を追うなんて二度と言わない！

お母さん生きていくからね……」

ご主人、いえお父さんがM君の手を握りしめます。

「すまなかった！　お父さんもお母さんも、お前という光を見失っていた。今日からお前を光に生き直すから……。すまん！　もう二度とK子の後を追うなんて言わない。もう一度お前に誓う。今日からお前を光に生き直すから！」

私は肩を寄せ合って泣くWさん親子の姿を目にして思いました。

「孫を命がけで守ったおばあちゃんは観音さまにちがいない。両親を救ったM君はお地蔵さまにちがいない」

と……。

この日、Wご夫妻はおよそ二年半の時を経《へ》て生き返ったのでした。

○亡き人や神仏を光として生きる

同じ時間や場所を共有していたにもかかわらず、最愛の子供や配偶者《はいぐうしゃ》を自死で亡くされた方々が、自分のことを責め、原因探しの日々を送り、Wご夫妻のように後を追いたいとの思いに苦しまれる姿を多く目にしました。

そんな方々に私は時《とき》を見計《みはか》らってお伝えするのです。

「原因探しはそろそろおしまいにしませんか。おつらいでしょうが原因探しを続けても答えは見つかりません。それよりは、深いご縁で結ばれていたあなた方が、その方の人生を、

〝生ききったのだ。人生を全《まっと》うしたんだ〟と認めてあげて頂きたいのです。

そして亡き方と共に生きた時間や場所、行なったことは、肉体とは別のもうひとつの〝いのち〟なんだと受け止めて、この〝いのち〟と共に生きてくださいませんか。

ご縁のあった方々が亡き人をいつまでも忘れなければ、その方の〝いのち〟は共に生き続けると私は信じます。亡き人を光に生きてくださいませんか……」

みなさんにお願いします。

もし、あなたの周りに苦しみを抱えている人がおいでになったら、あなたのできる範囲でよいのですから、どうか声をかけてあげてください。また、もし、あなた自身が今、苦しみの渦中《かちゅう》に身をおいておられるのなら、一人で苦しまないで、その苦しみを私にも分けてくださいませんか……。

この世には神さまも仏さまもおいでになります。『観音経《かんのんぎょう》』に度々《たびたび》記されている経文〝念彼観《ねんぴかん》音力《のんりき》〟を、つぶやいてみましょう。

いつでもどこでも、観音さまがおこしになり、あなたに寄りそって、苦しみからお救いくださいますから。

芥川賞作家・新井満《あらいまん》さんから頂いたことばをお伝えしておきましょう。

外がどんなに嵐でも
雲がどんなに厚くとも
雲の上は
いつだって
抜けるような青空

新井　満

生きるための光になってくださる仏さまは、すぐそばにおいでになるのです。

2 みほとけの子らに教えられた死の迎え方

住職というお役目を頂《いただ》いて、多くの方々のご葬儀をつとめさせて頂きました。言うまでもなく、お一人お一人「死の迎え方」は異なっていますが、いつもその方が歩まれた人生をお聞きすると、

「ああ、今日人生の定年をお迎えになったのだ。みごとに人生を生き切って旅立って行かれたのだな……」

と手を合わせずにはおられません。その方の人生が、短かくても長くても、「頂いたいのちを〝生き切って〟死をお迎えになった」と私は受け止めているのです。

幼い命の旅立ちにも度々《たびたび》出会いましたが、深く心に刻まれて今も忘れることのできない〝みほとけの子〟らに教えられた〝死の迎え方〟をお話しさせて頂きます。

◯ああ、今日の試合は終わったんだよね。

少年野球で活躍していた小学校六年生のO君が、試合中に意識不明となり倒れたのは三年前のことでした。

救急車で運ばれて治療を受け、一命は取りとめたものの、脳にいくつもの悪性腫瘍《しゅよう》があるとの診断が下り、入院生活を余儀《よぎ》なくされたのです。

十回を超える手術を受け、そのたびに起こる激しい痛みと後遺症との戦いの日々……。けれどさすがに野球少年、泣き言《ごと》一つ言いません。

お母さんは何度も告《つ》げました。

「Oちゃん、頑張らなくていいのよ。痛かったら〝イターイ〟とか、苦しかったら〝クルシー〟って叫んでいいのよ。ママ、Oちゃんを抱きしめて一緒に耐えるから……。Oちゃんの苦しみ、ママにも分けてよ。がまんしないで……」

そのたびにO君は答えます。

「ママ、ギブアップしたら試合に負けちゃうんだよ。試合終了のサイレンが鳴るまで試合なんだ。ママ、ぼくは今試合中なんだ。サードを守ってるんだ。応援はしてほしいけど、心配いらないよ」

O君の言葉を聞くたびに、お母さんはトイレに駆《か》け込んで泣きました。そして念じ続けたのです。

「Oちゃんをもう一度グラウンドに立たせてあげたい……」

O君がお父さんに語りました。

「パパ、ぼくの頭の中は今九回の裏、一点差で負けているんだ。次、バッターのぼくは、逆転ホームラン打たなきゃならないんだけど、打てるかな……」

お父さんが答えます。

「お前なら逆転ホームラン打てるさ。さあ、グリップを確かめろ。少し短めにバットを持って打ち急ぐな。いつも教えているようにバッターボックスに立ったら一度深呼吸しろ。そして、ピッチャーをにらみつけてやれ。まず、一球見送れ、いいな！」

「パパ、分かってるよ。さあ打つぞ……」

O君は目を閉じると歯を食いしばります。バッターボックスに立っている自分を実感しているにちがいありません。やがてO君が叫びました。

「打った、打った。ホームランだ。逆転ホームラン、やったあ！」

頭の中で、野球の試合を楽しむことによって苦しみを乗り越えていたO君でしたが、日に日に言葉少なになっていきました。

そしてある日……。主治医からの知らせで駆けつけてきた家族がO君のベッドを囲んでいました。

病院のあるN市では、五時に〈夕やけ小やけ〉のメロディチャイムが流れます。O君が小さな声で言いました。

「パパ、ママ、夕やけ小やけの歌、みんなで歌おうよ。チャイムにあわせてさ……」

みんなで声を合わせました。チャイムが鳴り終わると、歌い終えたO君がつぶやいたのです。

「夕暮れだね。ああ、今日の試合は終わったんだよね。ぼく眠るよ、おやすみなさい……」

家族が見守る中、O君は永遠の眠りについたのです。

一周忌《いっしゅうき》のご法事のとき、お父さんが私に告げました。

「あの子の死はあまりにも穏《おだ》やかで、家族を安心させるような最期《さいご》でした。見事な試合だったとほめてやりたいと思います」

○お母さん、ぼく死ぬんだよね。

N男君、享年《きょうねん》九歳。小さな命が旅立って行きました。新盆《にいぼん》のご法事を終えたあと、N男君のお母さんが、私に語ってくださったのです。

「あんな元気だった子が小児《しょうに》ガンだと告げられたとき、信じられなくてお医者さまを激しく問い詰《つ》めてしまいました。『冗談を言わないでください。この二、三年、風邪《かぜ》一つひいたことがないのです。水泳教室も休んだこともありません。ものすごく元気です。失礼ですが、先生の誤診《ごしん》ではないでしょうか？　もう一度検査してください』と。再検査の結果、たしかにN男の小さな身体にガンが住んでいました。病院のベッドだけがN男の生きる場所になってしまったのです。

ある日、N男がこんなことを言いました。『お母さん、ぼく死ぬんだよね。お願いがあるんだ。ぼくが死にそうになったら、ぼくの手を握りしめていてね。ぼくの息が止まって、お医者さんがぼくの死んだことをお母さんに知らせてくれるまで、ぼくの手を握っていてね。ずーっとだよ。お願いだよ、お母さん！』

私は返事に困りました。涙をこらえるのが精いっぱいです。N男が続けて言いました。『死ぬって苦しいのかなあ。お母さん、ぼくね、もし苦しかったら〝ヨイショ、ヨイショ〟って声を出して頑張ろうと思うんだ。お母さんも一緒に〝ヨイショ、ヨイショ〟って言ってくれる?』

やっぱり答えられません。私、廊下に飛び出して泣きました」

お母さんの話に、私はあふれ出る涙を拭《ふ》きながらつぶやくのが精いっぱい……。

「N男君は死を見つめて、死ぬとき取り乱さないよう心の準備をしていたんですね。大人だってとてもできないのに……」

お母さんが続けます。

「とうとうその日が来ました。またN男が問いかけてきたんです。『お母さん、ぼく一人で死ぬのかなあ。毎日おばあちゃんがお仏壇におまいりしてるから、仏さまが一緒かもしれないね』

私は、思わず答えました。『そうよ、一人じゃないわよ。きっとたくさんの仏さまが迎えに来てくださって、N男の手を引いたりおんぶしたりして、一緒にいてくださるに決まってるわよ』『そうだよね、ぼく、仏さまとなら安心だよ……』。お母さん、手を握ってて……』

それから数時間後、N男の息づかいが荒くなりました。口が動いているので耳を近づけてみると、〝ヨイショ、ヨイショ〟と言っているではありませんか。私もN男の手を握りしめて、耳もとで言いました。〝ヨイショ、ヨイショ〟って。かけつけていた主人やおばあちゃんたちも、みんなで声を合わせて〝ヨイショ、ヨイショ、ヨイショ〟の大合唱。やがてN男の声は止まりました……。

住職さん、N男は仏さまと一緒に旅だったんですよね」

「その通りです。N男は仏さまの胸にいだかれて旅立ったのです。ご安心ください」

新盆には、N男君も、お母さんのもとに帰ってきたにちがいありません。

つらく苦しい治療に耐えて

長野県こども病院には、難病で〝生命をかけるような治療〟に耐えている子供たちが入院しているため、長期入院の子供たちが学べる〝院内学級〟が設立されています。

平成十四年十一月、その院内学級の子どもの詩が、父母の会〈すずらんの会〉によって編集され全国の書店に並びました。題名は『電池が切れるまで』(角川書店)。書籍としても評判になりましたが、テレビドラマ化されてたくさんの人々の感動を呼びましたから、ご存知の方も多いことでしょう。

私は、尊敬するＦ老師のお孫さんが入院しておられたご縁《えん》で、この病院のことを早くから知っていたのでした。

院内学級担当の山本厚男先生のお話を思い出します。

「命を思い、治療に耐えていく子。その子は子供なりに自分の命について考えています。つらく苦しい治療に耐えていく姿は、純真なかわいい〝修行僧〟とも言うことが出来るように思うのです」

あのときから五年。実は、純真なかわいい修行僧たちの多くが亡くなりました。本のタイトルになった『電池がきれるまで』のひと言を詩の中で綴《つづ》った宮越由貴奈ちゃん（当時小学四年）もそのひとりです。

由貴奈ちゃんの詩を味わってみましょう。

命

宮越　由貴奈

命はとても大切だ

人間が生きるための電池みたいだ
でも電池はいつか切れる
命もいつかはなくなる
電池はすぐとりかえられるけど
命はそう簡単にとりかえられない
何年も何年も
月日がたってやっと
神様から与えられたものだ
命がないと人間は生きられない
でも
「命なんかいらない」
と言って
命をむだにする人がいる
まだたくさん命がつかえるのに
そんな人を見ると悲しくなる

命は休むことなく働いているのに
だから　私は命が疲れたと言うまで
せいいっぱい生きよう

宮越由貴奈ちゃんの命の電池は、この詩を書いた二年後に切れました……。

今、野球少年のO君も、小児ガンと闘ったN男君も由貴奈ちゃんも、みほとけの胸にいだかれて仏道修行を続けているにちがいありません。

みんなほとけの子です。

この子らの死の迎え方から仏道を学ばせて頂きました。

3 その人を想えば いつでも会える

○母あるは幸いなり、父あるも幸いなり

カンボジアのお坊さまから、こんな一言を教えて頂《いただ》きました。

わがいのちをいただいた
母あるは幸いなり
父あるも幸いなり

私は今年（本稿を執筆した平成二十五年）、六十八歳になりますが、この言葉が心に染《し》みてなりま

せん。

父とは三歳のときに、母とは十三歳の時に今生《こんじょう》の別れをいたしましたが、とりわけ母のことがいつまでも忘れることができなくて、弱虫な人間として今日まで参りました。

私は母のことを〝おかあちゃん〟と呼んでいましたから、苦しみが襲ってくると人影で〝おかあちゃん助けて！〟と、幾度《いくど》母を呼んだことでしょう。すると不思議なことに涙がはれるのです。

やがて母の顔が浮かび、声が聞こえてきます。笑顔です。聞こえてくる一言は、

「しゃんとしんせい！（しっかりしなさい）」

今はもう泣きません。なぜなら、母にはいつでも会えることがわかったからです。

○A子さんとお父さん

ある夏のことでした。突然のお父さんの他界に大きなショックを受けていたA子さん（高校一年生）が、思いつめた末に訴えました。

「私もいっしょに死にたい……」

深い悲しみにあえぐ若い心をどうなぐさめてよいのか、とまどうばかりでしたが、ほうってはおけません。

「あなたがお父さんの後を追ってもお父さんは喜ぶだろうか？……」

「だって、だって……お父さんひとりでいっちゃった。私だけを残して……」

そうでした。不幸にもA子さんはお母さんも亡くしていたのです。

「そうだったね。……でも、やっぱりあなたがお父さんの後を追っても、決してお父さんは喜ばないと思うけど、どうかな？」

亡きお父さんの話をすればもう胸がいっぱい、大粒の涙があふれるA子さんです。幾度も涙をふきながらA子さんが言いました。

「……喜ばないと思います……」

「そうだね、喜ばないね」

A子さんの気持ちが少し落ち着くのを待って、語りました。

「あなたがいつもお父さんといっしょに生きていくことのできる方法を教えるね。まずお父さんの顔を思い出してごらん。それも、ニコニコ笑っているお父さんの顔だよ。……思い出せた？」

「うん少しだけ……」

「いいぞ、もう少しだ。ニコニコしているお父さんの顔を、いっぱい思い出して……」

しばらく目を閉じていたA子さんでしたが、小さな声で言いました。

「お父さんが笑ってる……」

「そう、お父さん笑ってるか……いつもニコニコ笑ってるお父さんといっしょにいたいよね」

「どうすればいいのですか！」

「あのね、お父さんが喜んでくれることをあなたがすればいい。こんな生き方なら、こんな人生なら、きっとお父さんも喜んでくれるなって思うことのできる生き方をすること。そうすれば、お父さんはいつでもどこでも、あなたといっしょ。ニコニコ笑っていてくださるよ。つまり、お父さんはあなたと共に生きておられるのです。お父さんを想えばいつでも会えるんだよね」

悲しみに打ちひしがれたA子さんの心に、ほんの少し陽《ひ》ざしが当たったようです。

「さあ、元気を出して！　いっぱいどうぞ」

すすめたコーヒーを口にしながらA子さん、

「会いたいな……」

と一言つぶやいたのでした。

〝会いたいな〟の一言に、A子さんの心の内のすべてがわかり、胸があつくなるのを禁じ得ませんでした。

あれから数年。A子さんはどうしていることでしょう。おじさん宅へ引き取られていったときいているのですが……。

いつもあなたのそばに

今は亡きご縁の深かった方たちに〝会いたいなあ〟と誰もが思えてならないのがお盆のひとときです。

とりわけ、お父さんやお母さん、兄弟などの肉親を亡くされた方にとっては、その思いはひとしおのことでしょう。

そんな思いにやさしく答えているかのように感じられる一文に出会いました。新聞紙上に掲載された「鏡の中の母に」と題する、長野県に住む女性（三十九歳）の投書です。

十数年前、当時勤めていた職場でのお昼休みのことだった。「最近母に似てきちゃって嫌なんですよ」と口にすると、先輩が箸《はし》を止めて言った。

「それはあなたのお母さんがまだ生きているから。私なんか何年も前に母を亡くしているから鏡で自分の顔を見ると、母を思い出して……」

そんなものかなと、その時は感慨もなく聞き流した。

だが、母との別れは想像よりはるかに早くやってきた。

あの日、実家に寄ると、母は赤いベストを着て座っていた。数ヵ月前から体調を崩していたが元気そうだった。庭にはふきのとうがたくさん顔を出していて、春の訪れとともに回復するものと思っていた。だが、翌日父から母の危篤《きとく》の知らせを受け、病院に駆け付けた。すでに意識はなく、必死の呼びかけにこたえることなく旅立っていった。

私は現実が信じられず立ち尽くした。母の死の前兆を見逃していたのだろうか。何故気づいてやれなかったのか。母を救える方法があったのではないか。

母の生前の言動が次々に頭に浮かんできた。

あれから三年が過ぎた。遺影の母は永久に年を取らないが、私はますます母に似てきたように思える。

今日も鏡の中の母を見る。懐かしさや、せつなさ、感謝、後悔、様々な思いが交錯し、あの時の先輩の言葉が今になって心に染みてくる。

（朝日新聞「ひととき」より）

亡き人を想えばその声が聞こえてきます。その笑顔が浮かんできます。深いご縁で結ばれていた方々とは、いつでもどこでもお会いすることができるのです。いいえ、亡き方々はいつもあなたのそばにおいでになるのです。

お墓にもいる、そばにもいる

こんなこともありました。

交通事故で亡くなったお母さんのご法事で、お墓参りを終えた時、小学生のO君が私に尋《たず》ねました。

「テレビで『千の風になって』という歌を聴いたけど、たしか〝私のお墓の前で泣かないでください　そこには私はいません〟ってありますよね。じゃあ、ぼくのお母さんもお墓にいないんですか？」

もっともな質問です。さて、どう答えるか。私はこんなふうに語りました。

「O君、お母さんはお墓においでになるよ。でもお母さんは君のことが好きだから、いつもお墓を抜け出して、君やお父さんのところに行くんだよね」

「ええっ、お墓を抜け出すの？」

「そうさ。君たちと一緒にいたいから眠ってなんかいられないのさ。『千の風になって』という詩は、亡くなった人から生きている人への呼びかけなんだよね。お母さんが〝Ｏ君、私のことを思い出してくれればお母さんはすぐにあなたのそばに飛んで行きますよ。いつでもそばにいてあなたを守っていますよ〟ってメッセージを送ってるんだ。お墓にもいるし、君のそばにもいる。それを〝死んでなんかいません〟という言葉で表しているのさ」

「お母さんはお墓にもいる、でもぼくのそばにもいるってことか。納得」

うれしそうな少年の顔が今も忘れられません。

光の行列

平成二十三年三月十一日午後二時四十六分、マグニチュード9の地震が発生。午後二時四十九分、岩手県・宮城県・福島県に大津波警報。

東日本大震災の勃発でした。

死者一万五千八百人以上、行方不明者三千三百人以上、負傷者六千人以上……。

ここにご紹介する詩は、宮城県石巻市《いしのまきし》にある曹洞宗洞源院《とうげんいん》において避難生活を送った方々の、日々の出来事やことばを、寺族《じぞく》・小野崎美紀さんが日記に残し、詩のかたちにまとめられた一文です。

3・11 光の行列

あの日の夜は　光でいっぱいだった
どこも　かしこも　光の海でいっぱいだった
降っている　雪までも　特別な光を発していた

お月さまは恐ろしく冴えて
地球のすみっこで凍っていた
ぼうぼうと燃える　数点の家以外
なんの明かりもない

真っくろ闇の　その中に
光が空に昇っていく

幾すじも幾すじも　空に昇っていく

天空も地べたも　区別がなくなった
光のすじでいっぱいだった
あんな光景見たことない

きっとあの光は　津波で亡くなられた
多くの方々の　命の「光の行列」だったんだろう
最後の力を振りしぼって　燃えつきる
光の曼荼羅《まんだら》だったんだろう

お釈迦さまは　一晩中　休む間もなく

お掬《すく》い上げくださっていらっしゃったんだろう
一つも残さず　お救い下さいませ
どうぞ　どうぞ　お連れいただきますように
あなたさまの　御身前に……

どうぞ　どうぞ
くれぐれもよろしくお願い申し上げます。

合掌
23・6・18

あの日から三度目（本稿執筆時）のお盆がきました。被災地や全国各地で仏教僧侶のみなさんが宗派を問うことなく、様々な儀式によって勤行《ごんぎょう》・回向《えこう》、あるいはご供養をなさっているにちがいありません。

○いつでも会える

亡き方々がお帰りになるお盆。

東日本の海から光となって大空へ登っていかれた多くの方々、津波で亡くなられた方々は、また今年もお盆の日、命輝く「光の行列」をつくって、故郷に、わが家に、そして愛する人々のもとへお帰りになるのです。

おかえりなさい……。お会いできましたね。

三回忌、そして三度目のお盆。３・11を風化させてはなりません。

光となって大空へ登って行かれた多くの方々と、いつでもお会いできるためにも……。


ある時、こんな詩を創りました。

いつでも会える

どんなに遠くても

その人を想えば
顔が見える
声が聞こえる
どんなに時が流れても
その人を想えば
ともに過ごした日々の
あんなこと　こんなこと
みーんな昨日のことのよう
その人を想えば
いつでも会える
その人はすぐそばに……

「生者必滅《しょうじゃひつめつ》・会者定離《えしゃじょうり》」。正に「真理」です。
そして、「その人を想えばいつでも会える」も、もう一つの真理だと私は信じているのです。

4 長《ちょう》寿《じゅ》菩《ぼ》薩《さつ》さまの説法

私がお預《あず》かりしているお寺の名前は「長寿院《ちょうじゅいん》」と申しますが、寺名に相応《ふさわ》しく檀信徒《だんしんと》の中にご長寿でお元気なお年寄りが幾人《いくにん》もおいでになります。

私はこの方々を高齢ではなく長寿に変えて〝長寿菩薩〟とお呼びしているのですが、この方々から数えきれないほどの〝幸福に生きる生き方〟を教えていただきました。七十年、八十年、九十年という人生を生き抜いて来られた方々ならではの人生哲学とも言えますが、私には〝長寿菩薩のご説法〟をお聞きすることができたと思えてなりません。

とりわけ忘れることのできない〝ご説法〟を、ご紹介させていただきます。

○ 私はこの世に招かれた〝客〟

「仏さまのような人ですよ」と近所で評判のKおばあちゃんは八十八歳。とにかく笑顔を絶《た》やしません。「不平不満《ふへいふまん》を言わない人」ということも誰もが「その通り」とうなずきます。

ある時、Kおばあちゃんに聞いてみました。

「おばあちゃん、おばあちゃんは怒ったことないの？　不平不満を言ったことないの？　苦しいことだってあったでしょうに、苦しい顔しないの……？」

おばあちゃん、相変《あいか》わらずニコニコ顔でこんなことをひとこと。

「私はこの世にお招きいただいた〝客〟ですから、不平不満なんて言えませんよ」

思わず問い返しました。

「この世に招かれた客ですか？」

「そうですよ。私はそう受け取らせていただいて生きてきました。仏さまがお導きくださって、この世で修行の旅をさせていただいているのですが、受け入れてくださったこの世は、お客として迎えてくださったらしい……。だって、みなさんよくしてくださいますもの……。お客であるからには、不平不満は言えません。どんなお食事だって、お客としていただけば、すべてごちそうです。

お客である以上、乱暴な言葉はつかえません。笑顔でやさしく話せば大切にしてくださるのですよ。お客ですから、いつかはここから出ていかねばなりません。そう思えば今、この世に置いていていただいていることが、とてもとてもありがたい……。好き嫌いや不平不満なんてあるものですか……修行までさせていただくのですから……。

私はこの世のお客、この世で修行をさせていただいている旅の修行者なんですよ。おいとまするときに、心残りはありません……」

Kおばあちゃんは自分を〝旅の修行者〟だと語ります。この世に招かれたお客だと言います。だから、いつかここから旅立って行かねばならないとも……。

ここからKおばあちゃんは、どこへ行くのでしょう。もちろん、この世での修行を終えて、またみ仏の国に帰るのです。

きっとたくさんの人々に惜しまれての旅立ちにちがいありません。

ガンは同じ体に住む〝同居人〟

植木職人一筋《ひとすじ》に生きてきたTさんは、今七十五歳。まだまだ元気でお寺の庭造りなどで活躍しています。

日焼けした顔、若者に負けないほどのキビキビとした動作。どこから見ても元気はつらつのT

さんが胃ガンに冒《おか》されていると聞いてびっくり致しました。

「住職さん、私、胃ガンなんですよ。昨日今日《きのうきょう》のことではなくて、三年前にわかったんです」

明るい笑顔であっけらかんと語るTさんに、思わず問い返したのです。

「えぇーっ、本当に？　胃ガンに冒されている人がよく、こんなに元気に働けますねぇ。病院に行かなくていいのですか？」

「病院ですか。胃ガンだと知らされ、今なら手術で取れるとか、いくつもの治療方法を教えられましたが、みんなお断りしました。この体に傷をつけたくないのです。

だって生まれた時、傷一つない立派な体を仏さまからお借りしたのですから、死ぬときには無傷の体でお返ししなくっちゃ申し訳ないと思いましてね……。それに、ガンのヤツだって私の体の居心地《いごこち》がいいから住みついたのでしょう。そう思えば〝同居人《どうきょにん》〟なんですよ。ガンは同じこの体に住む同居人、仲よく、楽しくやっていこうと心に決めたんですよ。

『心頭滅却《しんとうめっきゃく》すれば火もまた涼《すず》し』じゃないけれど『心頭滅却すればガンもまた楽し』いやちょっと格好よすぎるか、アッハッハ」

Tさんが続けます。

「住職さん、もうひとつ気がついたことがあるんですよ。ガンのヤツ、いつか私を殺そうと思って私の体に住みついているんでしょうが、私が死んだときにはガンのヤツも死ぬんですからねえ。ガンが大きくなれば私も死ぬ。けれどガンも死ぬ。つまりガンと心中《しんじゅう》……。だから時々、胃のあたりおさえてガンに言ってやるんですよ。『ガン、お前、オレを殺すとお前も死ぬんだぞ！　バカモン！』ってね。これがガンに聞こえたのか、先日の検査であまり大きくなっていないってお医者さんが言っていました。まあ、ガンと心中じゃ色っぽくないけどねぇ。アッハッハ……」

明るく語るTさんですが、ここまでの心境になるまでには様々な心の葛藤《かっとう》があったにちがいありません。それを乗り越えたTさんのいのちは今、キラキラと輝いています。

喜びに満ちて死んでいきたい

「心頭滅却すればガンもまた楽し」と笑い飛ばしたTさんと共に思い出すのが、余命《よめい》一年と宣《せん》告《こく》されても〝二度とない人生だから、悔《く》いなく生きて喜びに満ちた死を迎えたい〟と語ったNおばあちゃんのことです。

Nおばあちゃんは八十三歳のとき、肺ガンの告知を受けて入院治療を受けているのですが、実はあと一年しか生きるのは無理だということを知りながら、明るく病院中を飛び回っているのです。Nおばあちゃん、何をしていると思いますか？　なんと院内の歩けない患者さんを車イスに乗せて、あちこちを見せてあげているのです。

いつでしたか、お見舞いに伺《うかが》ったときも姿が見えません。隣のベッドの患者さんに聞くと、

「今日は気分がいいから、寝たきりのSおばあちゃんを車イスに乗せて、中庭の花を見せに連れていくと出ていきましたよ」

とのこと。

やがて汗をかきながら帰って来たNおばあちゃん、とても余命一年もないガン患者とは思えません……。輝いているのです。

私は思わず問いかけました。

「Nさん、とても病人とは思えないですねえ。自分も病人なのに、疲れませんか？」

Nおばあちゃんから、こんな答えが返って来ました。

「私ねぇ、〝今日まで生かしていただいてありがとうございました。とても幸せでした。ほんの少しだけ、他人さまのお役に立つことができました。私の人生幸せでした。二度とない人生を悔いなく生かさせていただきました。有難《ありがと》うございました〟って、喜びに満ちて死んでいきたいのよ！　そう、喜びに満ちて……。

そのためには昨日より今日、少し成長したな。今日より明日、もう少し成長しておきたいと思うの。だから寝たきりのおじいちゃん、おばあちゃんの車イスを押しながら、いろいろのことを教えていただくの。すごく勉強になる。おじいちゃんも喜んでくださるけど、私はそれ以上にうれしいの。少しお役に立てた、勉強もさせていただいたって。私どうやら、喜びに満ちて死ねそうよ！　うれしくてうれしくて」

こう言うとNおばあちゃんは、また車イスを押しに行ってしまいました。

そして、Nおばあさんは一年を待つことなく亡くなったのです。

「二度とない人生だから喜びに満ちて死んでいきたい」と語ったNおばあちゃんの言葉と行いは、Nおばあちゃんと会った人々の心の中にいつまでも生き続けているにちがいありません。

◯今を精いっぱい生きる

Sおばあちゃんから聞いた話は、とても味わい深いものでした。

Sおばあちゃんは、今年八十七歳。足腰も丈夫で、話す言葉もしっかりとしています。

「住職さん、お盆《ぼん》になると、爺《じい》さまのことを思い出しますよ。ええ、私の主人のことです。まあ、のんきな人というか、心の大きい人というか、ちっともあくせくしない人でした。私が心配性で『ああでもない、こうでもない』と先々のことを心配するものですから、いつも叱《しか》られました。『お前なあ、明日のことを考えてもしかたがないじゃないか。明日のことより、今日のことをしっかりやればいいんだよ。わからん奴だなあ』――なんてよく言われました。

いつでしたか、畑仕事が一段落して、草っぱらに座ってお茶を飲んでいる時のことです。爺さまがこんなことを言ったのですよ。

『あぜ道にきれいな花が咲いておるだろう。あの花たちはなあ、明日も咲こうと思って咲いているんじゃないだ。今日をいっぱい、今をいっぱいに咲いているんだ。すごいと思わないか。向こうの柿の木で小鳥たちが鳴いておるだろう。あの小鳥たちはなあ、明日も鳴くぞ、明後日《あさって》も鳴くぞと思って鳴いてるんじゃないぞ。今をいっぱいに鳴いているんだ。花も鳥も、今を、いっぱいに生きている。ただただ、今を精いっぱい生きているのだ……。

明日があると思って生きてるのは人間だけだなあ。明日があると思っているから、あれこれ迷ったり、心配するのだ。今日一日と思えば、明日の心配も先々《さきざき》の心配もすることはない。明日があると思うからあれもしておかなければ、これもしておかなければと、欲が出てくるんだ。わしも花や鳥のように、今日精いっぱいに、今を精いっぱいに生きていこうと思っているんだよ……。

お前なあ、今日一日だけと思えば、欲しいものは何一つなくなるよ。だってそうだろう。今日一日なら財産を残してもしかたがないんだから……。ああ、花はいいなあ。鳥はいいなあ。今を、本当に生きている……』

住職さん、私、このときの爺さまの顔が忘れられませんよ！　爺さまの顔が仏さまのように美しく見えたんですよ！

爺さまが亡くなって五年。私も今日一日、今日一日と思って精いっぱい生きさせていただいています。今も爺さまのひとことひとことが、私に生きる力を与えてくれるのですよ」

おばあちゃんの顔も仏さまのようです。私は思わず告げました。

「おじいちゃんのひとことひとことは、仏さまの教えそのものですよ。おじいちゃんは仏さまだ。その教えを守って生きるおばあちゃんも仏さま！　おばあちゃん、生きる力をくださってありがとう」

○長寿菩薩さまたちから〝生きる力〟を学ぼう

お会いしたみなさんは、正《まさ》に高齢ではなく長寿で生きておいでの菩薩さま……。私は今日も長寿菩薩さまから〝生きる力〟や〝幸福に生きる生き方〟を学ばせていただいています。
今、町に、村に、長寿菩薩さまがたくさんおいでになります。
あなたのすぐそばにも……。

5 人生の終着駅で残された「思い」と「ことば」

日付のない定期券

私たち人間はこの世で生きる生命《いのち》を授けて頂《いただ》いた時、同時に日付《ひづけ》のない定期券も頂きます。どこへ向かう定期券でしょうか。言うまでもなく死という人生の終着駅です。

ただ、この定期券には日付が記されていません。つまり終着駅に到着する日が未定なのです。けれど定期券が切れるその日は、必ずやってくる。

私は僧侶というお役目を頂いて、死という終着駅に到着された方々とたくさんお会いして来ました。無言で到着された方、身近な方々に最後のメッセージを残された方、様々です。

これまで、ご遺族からたくさんの〝お別れのことば〟を見せていただきました。そこには残された方々や、ご遺族への温かな心づかいが記されていて時おり涙をぬぐったことでした。お許しを得てご紹介させていただきます。

○こんな私を仏さまはお導きくださるでしょうか?

農業一筋に生き、近所の人たちから〝いざという時の相談人〟と頼りにされていたSさん(男性・八十六歳)が、世寿《せじゅ》をまっとうして亡くなったのですが、こんな遺言《ゆいごん》、「お別れのことば」を残しておいでになりました。

遺言・別れのことば――反省をこめて――

●いろいろ知っていると思っていましたが、何も知らない私でした。
●あれやこれややってみましたが、あまり他人さまのためにお役に立てない私でした。
●表向きは善人らしくしていながら、実は悪人と言われても仕方のない私でした。
●いただくばかりで、何もさしあげようとしない私でした。
●多くの方々のお力によって生かしていただいているのに、自分の力で生きていると考えちがいをしている私でした。
●死ぬ時には何ひとつ持って行けないとわかっていながら、これは私の物、これも私の物と、手渡すことのできない私でした。
●感謝することもなく、懺悔《さんげ》することもなく、自分さえよければいいとの思いで生きてきた私でした。
こんな私を仏さまは、お導《みちび》きくださるでしょうか？

こんな私に仏さまは、お戒名《かいみょう》を授けてお弟子にしてくださるでしょうか？

私を父と呼び、祖父と呼んで大切にしてくださった家族のみなさんに、心から感謝します。

みなさん、ありがとう。

財産と言えるほどのものは残せませんでしたが、役に立つものがあったら、みんなで仲よく分けあってください。財産相続の争いほどみにくいものはありませんから……。

どうか天地いっぱいの力をいただいて、生かされて生きるよろこびの中に、与えられた今日のつとめを果たしていくような人になってください。

お願いしますよ。さようなら。ありがたい人生でした。

凡愚《ぼんぐ》老人・八十六歳

この遺言を読んだ遺族のみなさんの心の中に、悲しみをこえて、温かなものがいつまでも残り、こんな遺言が書ける人間になりたいという思いが、ふつふつとわいてきたとのこと……。

「死に方」は「生き方」によって決まります。この遺言はSさんの生き方を表しているように思えてなりません。

○お父さんお母さん、私がこれから行くところはきっと彼岸の世界よ

ガンに勝てず二十二歳という若さでこの世を去ったK子さんの、四十九日《しじゅうくにち》のご法事《ほうじ》が終わった翌日《よくじつ》のことです。

K子さんのご両親に一通の手紙が届きましたが、差出人《さしだしにん》を見てご両親はびっくり。何と、亡くなったK子さんからの便りでした。

——お父さんお母さん、おどろかせてごめんなさい。私が死んだらポストに入れてほしいと友だちに頼んでおいたのです。

お父さんお母さん、長い間心配をかけてすみませんでした。二十二歳の今日までかわい

がっていただいて本当にありがとうございました。

私はもうすぐ旅立ちます。ガンに勝てずにわずか二十二年間の人生を終えるのはちょっとくやしいけれど、でもお父さんお母さん心配しないで！　私はとても幸せでしたから思い残すことはありません。いいえ、楽しかった思い出がたくさんあるから満足して旅立てるのです。お父さんお母さん本当にありがとうございました。

ガンなんていう病気になり、ずいぶんたくさんのお金を使わせちゃったわね。家を建てることを楽しみにしていたのに、みんな治療費に消えちゃって……。

ごめんね、ごめんね、本当にごめんなさい。

お父さんお母さん、私がこれから行くところは、きっと彼岸《ひがん》の世界よ。そう、いつかお坊さまに教えられたわ。

「もし、お父さんお母さんより先に彼岸に渡るようなことがあったら、すばらしい土地を見つけて、すばらしい家を建てて、みんなを迎える準備をしておきなさい」

って。私、そうしようと思うの。

お父さんお母さん、私、先に行くけれど、待ってるからね。お花がいっぱい咲いているお庭がある、すてきなお家を建てて待ってるからね。きっと来てね。でもお父さんお母さん、ゆっくりでいいわ。ゆっくり来ればいいのよ。この世で充分《じゅうぶん》に生きて、ゆっくりでいいから必ず会いに来てね。

それではお父さんお母さん、先にまいります。泣かなくていいのよ！　私、幸せだったし、また会えることを信じているから……。

そう！　お彼岸にもお盆《ぼん》にもきっと帰ってくるから、私の大好きなクリームシチューつくって待っててね……。

ありがとうお父さん。

ありがとうお母さん。

私、先に彼岸へまいります。

花嫁姿を見せられなくてごめんなさい。

K子より

ご両親の眼から、とめどもなく涙があふれました。

けれど、心の中に何か温かいものが生まれていたのです。〝ああ、いつかK子にまた会えるんだなあ〟との思いです。

◯人生をうらんだりしてはいません……

S男君は、高校を卒業した翌日、自らの生命をたちました。彼は五歳の時、神経芽細胞腫《しゅ》と診断されて、治療と戦う人生でした。

けれどS男君はそんなハンディを苦にせず野球少年になり、中学、高校も野球部ですごします。明るく健康的なS男君はクラスメイトからも人気がありました。そのS男君がなぜ？

こんなメッセージが残されていました。

クラスのみなさんへ

ボクは力いっぱい病気と戦って来たけれど、勝てそうにありません。

もうすぐ死ぬボクから一つだけお願いがあります。

生命を大切にして、悔いのない人生を送ってください。生きたくて生きられないボクのような人間もいるということを知ったら、どんなに苦しいことがあっても、生きていけると思います。

ボクは不登校が多く、勉強も部活もみんなより遅れていて、時々いじめを受けました。

でもボクはいじめられたと思っていません。

きっとボクを〝ガンバレ、ガンバレ〟ってはげましてくれているのだと思っていました。

だから誰もうらんではいないのです。

病院生活が長くて、ボクはクラスの一員としては失格者です。

でも、登校のとき、ゆっくりとしか歩けないボクに近寄って来て、カバンを持ってくれたり、背中をおしてくれた、クラスメイトのみなさんに心から感謝しています。

本当に三年間、ありがとうございました。

みんな、幸せになってね……。

ちょっと苦しくなってきたから、ここまでにしておきます。

もう一度言います。みんな、ありがとう。

S男

S男君のお葬式で届けられたクラスメイト代表による「お別れのことば」は、S男君が残してくれたこのメッセージをうけて、

「生命を大切にして、悔いのない人生を生きることを誓います。ボクたちS男君のことを、生涯忘れません！」

と結ばれていたのでした。

求める心を捨てて、人を愛し、ただお返しお返し……

Tおじいちゃんが、九十歳という高齢でお亡くなりになりました。Tおじいちゃんは若いころ日本蕎麦《そば》屋に弟子入りして修行をしたあと、三十五歳でのれんわけを許され、自分の店を持つと一所懸命働きました。そして、

「わしは蕎麦のようにながーく生きて、一人でも多くの人に本物の蕎麦を食べてもらうぞ」

と言い続けていましたが、まさにその言葉通りの大往生《だいおうじょう》。

Sおじいちゃんのお葬式には数百人もの弔問客《ちょうもんきゃく》があり、世話好きだった生前の人柄をしのばせました。

さて、お葬式の終わりに喪主《もしゅ》である長男のKさんがこんなあいさつをしたのです。

「みなさま、本日は亡き父の葬儀においでくださいまして誠にありがとうございました。いよいよ父はお浄土《じょうど》へと旅立ってまいりますが、実は父が遺言を残しておりまして、ここで

ぜひご披露《ひろう》させていただきたく思いますので、今しばらくのお時間をくださいますようお願い申し上げます……」

Kさんの、〝遺言を披露する〟という言葉に、多くの人々の顔に驚きの色がみえます。

Kさんが静かに遺言を読みはじめました。

遺言

一つ。今日一日腹をたてず、グチを言わず、人を悪く思わないこと。
二つ。今日生かされていることに感謝し、どんな苦労も喜んでさせていただくこと。
三つ。今日一日、求める心を捨てて、人を愛し、ただお返しお返しの謙虚な心ですごさせていただくこと。
この三つを願いとして、誓いとして、守り、家族仲よく、兄弟争うことなく、悔いのない人生を全《まっと》うするべく申し渡す。なお、私は歌を創ることはできないから、良寛《りょうかん》さまのお歌をお借りして辞世《じせい》の一句とする。長い間ありがとう。

形見《かたみ》とて　何を残さん　春は花
　　夏ほととぎす　秋はもみじ葉

「これが父の遺言でございます。遺言と申しますと、財産の分与《ぶんよ》や家の相続などについてこまごまと書かれていると聞きますが、父の遺言は、身内の者が申しますと手前《てまえ》勝手になり恐れいりますが、誠にさわやかで、深く心に残る人生訓《じんせいくん》とも申せるものでございました。私たち兄弟一同、この遺言をしっかりと心に刻みこんで生きてまいります。本日はありがとうございました！」

Kさんの言葉が終わると、しばらく静かなひとときが流れました。弔問客のすべての人々が、Tおじいちゃんの遺言に深く感動したのです。

静けさの中から、こんな声が聞こえました。

「私もこの世からおいとまするときは、こんな遺言を残していきたいわ……」

ご紹介した方々の「お別れのことば」は、仏さまのおことばであるように思えてなりません。

あなたはどんな思いを、どんなことばを、告げて、人生の終着駅へ向いますか？

第二章

感謝が人を幸せにする

1

ただごとでなく　ありがたい

四十二歳の時、クモ膜下《まくか》出血で二度の大手術を受けた私が、古希《こき》（七十歳）までの生命《いのち》をいただけるとは思っていませんでした。

このことは、正《まさ》に「ただごとでなく　ありがたい」と手を合わすばかりです。

実は「ただごとでなく　ありがたい」の一言《ひとこと》を教えてくださったのは、今は亡き東井義雄《とういよしお》先生です。

ただごとでなく　ありがたい

若き日。故郷で、世界の教育功労者に贈られる「ペスタロッチ賞」を受賞された東井義雄先生に、度々《たびたび》お会いしました。八鹿《ようか》小学校（兵庫県）の校長をなさっていた時のことです。

外は雪。校長室でダルマストーブを囲んでのひととき、先生が私に質問されました。

「篠原君、毎日お世話になっている自分のご飯茶碗《はんぢゃわん》の絵柄《えがら》、覚えていますか？」

「私のご飯茶碗の絵柄ですか……うーん、覚えていません……」

「そうですか。子どもたちに聞いても、ほとんどの子どもが覚えていませんよ。そこでね、私、こんな詩を作ったのですよ」

東井先生がお作りになった詩とは……

おとせばこわれる茶碗
おとせばこわれるいのち
でも　それだからこそ
この茶碗のいのちが尊い
それだからこそ
このわたしのいのちがいとしい
こわれずに　今　ここにあることが
ただごとでなく　うれしい

プラスチックのいのちでないことが
ただごとでなく　ありがたい

私、思わず「うーん」となってしまいました。

「先生、私たちは日ごろお世話になっている茶碗の絵柄どころか、自分の生命《いのち》あることの、なんとありがたいことかさえ忘れて生きているんですねえ！」

「そうです。これはただごとではないのです。大切な生命をいただいていること。今ここに生かしていただいていること。これはただごとではないのですよ。このことがわかっていない……」

度《ど》の強い丸い眼鏡《めがね》をかけておいででしたが、その奥には、おだやかな笑《え》みをたたえた、菩薩《ぼさつ》さまの御眼《おめ》が見えました。

もう一つ、先生がおっしゃったことばで、忘れられない一言があります。

「水は手で掴《つか》めませんね。水は汲《く》むんです。同じように、人の心も掴めませんね。人の心も、汲むものなんです。今、私たち大人は、子どもの心を汲んでやらねばならないのです……」

常に真実を見つめて生きておられた東井先生の一言一言は、今も多くの人の「生きる杖《つえ》ことば」

になっています。

正にゆらぐことのない静かな御心《おこころ》から生まれたひと言にちがいありません。

古希を迎えた今、「ただごとでなく　ありがたい」と思うことは、たくさんの菩薩さまに出会ったことです。いいえ、今も、毎日のようにお会いしております。

その菩薩さま方から、どれほど多くの〝いのち輝く仏教〟を教えていただいたことでしょうか。

欲が大きくなると不自由になるよ

早朝の澄んだ空気の中、寺の境内《けいだい》に元気な声が響きます。

「花持ってきました」

Sおばあちゃんにまちがいありません。

両手いっぱいに花々を抱えて、境内の石仏《せきぶつ》を巡ります。もうどれほどの年月続いていることでしょう。

実はSおばあちゃんは一人暮らし。つまり、いわゆる独居《どっきょ》老人です。ご主人が残してくれた田畑を耕《たがや》して生きる、自称〝専業農家、農業のプロ〟です。御歳《おんとし》七十九歳。

二人の息子は結婚して都会暮らし。でも、

「帰ってきたら面倒《めんどう》だよ」

と言って、二人を寄せつけないのです。

そんなSおばあちゃん、地域の若者とはとても仲良しで、家族に相談できない彼らの悩みに真剣に耳を傾ける面倒見の良さは、町でも評判です。例えば……。

志望する大学の受験に失敗して、将来を悲観するA君に告げました。

「列車に一本乗り遅れたと思えばいいのさ。次の列車を待っていればいいんだよ。ちょっと待ってればすぐ来るから、心配することはないさ」

就職が決まらない、地獄にいるようだ！　と言って、自暴自棄《じぼうじき》の生活を続けるS青年には、こんなお説教をします。

「あんたはまだ若い。未来があるでしょう。私の歳になったら、一日一日、その日その日が、言ってみれば人生の定年なんだよ。あんた、今、地獄にいると言ったね。だったら思いきって地獄の底に、落ちるところまで落ちてごらん。地獄の釜だって底があるんだから、底まで落ちたら浮いてくるよ！」

夫の給料が安いとこぼす、子育て真《ま》っ最中《さいちゅう》の若いお母さんにはこんな話をします。

「人間はね、欲が大きくなると不自由するのよ。欲をほどほどにすれば不自由ではなくなるんだよ。私を見てごらんよ。なーんにも持っとらんから、何の不自由もないのさ。お金も持ってないから、余計な心配をする必要もない。物でもお金でも、何でも持ちすぎるからあれこれ悩みが生まれて不自由になるの。欲を小さくしてごらんなさい！　スカッと生きられるから……」

Sおばあちゃんの体にガンが居座《いすわ》っていることを、近所の人はみな知っています。心配する人たちにおばあちゃんは答えました。

「ガンから逃げようとするから苦しくなるのさ。ガンと一緒に生きてると思えば楽になるんだよ。苦しいことが起きた時、そのことから逃げようとすると苦しみは倍になるよ。苦しみを受けて立ったら、苦しみは半分になるのさ！」

Sおばあちゃんの一言一言が、どれほど多くの人に生きる力を与えてきたことでしょう。

ここにも菩薩さまがおいでになります。

○荒ぶる乗客の心をやわらげたお線香

私はお寺を出る時、カバンや頭陀袋《ずだぶくろ》の中に必ず入れるものがあります。それは香りの良いお香です。

この習慣は、私が教化活動の師と尊敬し続けているIご老僧のご体験にヒントを得たからに他なりません。

Iご老僧は旅行に出られる時、必ず持っていくものがあるとおっしゃいます。

「少し上等《じょうとう》のお線香を持って出かけることを心がけています。こんな思い出がありましてね」

――戦争中のこと。Iご老僧は東京の下町のお寺を住職として守っておられたのですが、たびたびの空襲でご自身も体中に火傷《やけど》を負い、痛みに耐えながら、信州の山里に向かわれました。奥さまと二人のお子さまが、戦火を逃《のが》れて疎開《そかい》されていたからです。

中央線の列車は、炎天下をのろのろと走りました。車中は超満員。誰もが大きな荷物を持って乗り込んでいましたから、天井《てんじょう》近くに陣取っている乗客も少なくありません。

突然、一人の男性が声をあげました。

「おーい、小便させろ！　もうがまんできねえ！」

どこかで声が返ってきました。

「バカヤロー、ぜいたく言うな。そこでしろ！」

男性がやり返しました。

「ああ、やってやろうじゃねえか！」

一人の女性が泣き声で叫びます。

「やめてください！　こんなにつらくて、悲しい時にけんかはやめませんか」

男性たちの言い合いは続いています。

まだ若かったIご住職は、ふと、手提《てさ》げ袋の中にお線香を入れていたことを思い出しました。お師匠《ししょう》さまが「これきりだから持っておけ」とくださった、「大薫香《だいくんこう》」という極上《ごくじょう》のお線香です――。

「一本取り出して短めに祈り、マッチで火をつけました。紫色の煙とともに、ほのかに甘い香りが車内を満たして行きました」

あちこちで言い合っています。

「おい、線香のにおいじゃないか」

「こんなによい香りの線香、私ははじめてです」

あれほど荒々しく、とげとげしかった車内が静かになりました。聞こえるのは、ゴトゴトと繰り返す車輪の音ばかりです。

しばらくして一人の女性がＩご住職の前に立ちました。見ると首から白い布に包まれたお骨箱《こつばこ》を下げています。

「息子の遺骨です。故郷に連れて帰ります。お坊さまでいらっしゃいますか？　何の供養《くよう》もしてやれないと思っていたのに、今日おもいもかけぬご供養をしていただきました。ありがとうございました……」

女性の目から大粒の涙がこぼれ落ちます。ご住職が、何げなく見渡すと、車内の人々、誰もが頭を下げ手を合わせていたのです――。

その光景が今でも忘れられないと語るＩご老僧です。

「お線香の香りが、すさんだ人々の心を、悲しみに打ちひしがれた思いをやさしくやわらげてくれたのですね。常々、仏さまにお線香をあげるのですが、お線香の香りは、仏さまと私たちをつなぐ懸《か》け橋にちがいありません。あの時、お線香があってよかった。お線香の香りは人の心をおだやかにして平和を感じさせますから……。今、車中でお線香を炷《た》くことなんてできませんがね……」

Ｉご老僧の手提げ袋には、いつも香り豊かなお香が入っています。

○生命《いのち》は授けていただいたもの

苦しみを抱いて私をおたずねになる方々の中には、

「この世に神も仏もいませんよ」

と激しく訴えられる方がいます。背負い切れない苦悩におしつぶされそうになり、死を見つめるつらさから出てくる一言にちがいありません。

そんな時、私はゆっくりと時をかけて語りかけます。

「神さまも仏さまも、あなたのすぐそばにおいでになりますが、苦悩という雲にかくれて、見えないのです。今、ここに、こうして生きていることはただごとではありません。生命は人間の手で作れるものではない。授けていただいたのです。ただごとではなく、ありがたいと思いませんか。さあ一緒に雲をとりのぞきましょう」

今日も菩薩さまとお会いしています。

2 日本の幸福度は？

ブータンに学ぶ「幸福度」

幸福度という語をご存知ですね。ブータン王国の国王が来日された時〝アジアで一番幸福度が高い国である〟と話題になりました。

なぜ、ブータン王国の幸福度は高いのか……。次のような理由が示されて、私なりに納得したのです。

①充実感に満ちている。「ありがたい」「もったいない」「おかげさま」の生活をしている。

②連帯感を持っている。孤立者はいない。ささえ合って生きている。

③自己有用感《じこゆうようかん》を実感して生きている。誰もが自分の存在を認めてくれていること。そして誰かのお役に立てている喜びを実感できている。

④達成感があり自信にあふれている。どんなことでも「やりとげた」「やってよかった」という満足がある。

⑤正しい信仰を持っている。人生という海を不安なく航海する羅針盤《らしんばん》、仏教を生きる価値観としている。

この五項目からなる「私は幸せだ」という実感を持って生きるブータン王国の人々の生き方。納得です。

もともと幸福度というのは三つの要素から計《はか》られるそうです。「経済」と「心理」と「社会」。言いかえれば、ほどよくお金が有ることと、心の安定、そして住みやすい環境を実感しているということになりましょう。

さて、日本人の幸福度は、世界の国々の中でどれほどでしょう。「国連幸福報告書二〇一三」によれば、日本の幸福度ランキングは世界で四十三位。ちなみに、一位デンマーク、二位ノルウェーとスイス、四位オランダ、五位スウェーデン、六位カナダ、七位フィンランド、八位オーストリア、九位アイスランド、十位オーストラリア。アメリカ、イギリス、ドイツ、日本など先進国はベストテンに入っていません。

◯あらゆるものに感謝する

二十八歳のＯＬ、Ｔ子さんが私に悩みを訴えます。

「住職さん、私って、どうしてこんなに不幸な人間なんだろうって、悩んでいます。三歳のとき父が亡くなり、苦労して私を育ててくれた母も、ご承知の通り二年前ガンで亡くなりました。高校を卒業して、世間的にはいい会社に就職できたものの、社内の人間関係がギクシャク……。先日も上司とけんかしてしまい、みんなから冷たい目でみられています。近ごろ恋人との間もしっくりいっていません。私って、どうしてこんなだめ人間なんだろうって、悲しくなります」

彼女に語りかけました。

「Ｔ子さん、たしかに両親との早い別れは、つらいことにちがいないけれど、そんな人はたくさんいる。逆にあなたは、そういう不幸を乗り越えて、有名企業に就職し、今はキャリアウーマン。バリバリ仕事ができて、むしろ幸せだと思うな。会社は価値観がちがう人間が集まっているんだもの、人間関係がギクシャクするのも珍しいことじゃない。

ズバリ言って、あなたは自分で自分を不幸な人間だと思い込んでいるだけであって、本当は不幸どころか、幸せな人間です！」

T子さんが問い返しました。

「じゃあ、なぜ、不幸としか思えないんですか！」

「感謝の心がないからさ！　今自分がこうしていられるのは自分一人の力じゃない、多くの人々のおかげなんだという感謝の思いがあれば、幸福感が生まれるんだよ。こんな詩があるんだ。

あらゆるものに感謝する
感謝しましょう
あなたの友人
あなたの家族
あなたの仕事

あなたの上司
あなたの食事
あなたの家
あなたの着るもの
あなたの人生
あなたをとりまくすべてのものに
一見いらないような
苦しみや悲しみにすら
そしてなにより
あなた自身の存在に

これは日本在住のドイツ人で、詩人でありフラメンコダンサーでもある私の友人アナ・マリア・クリスティーナさんの詩なんだけど、この詩のように〝あらゆるものに感謝する〟心を持てば、不幸も幸福に転ずるんだ。恋人にも感謝、感謝、そうすれば仲なおりできるよ」

いくども詩を読み返しているT子さんの目に涙が。心に訴えるものがあったにちがいありません。

◯「私の技、みて下さい」

早朝の読経《どきょう》を終えた私を、電話のベルが事務室に急がせます。電話の主は顔見知りのM子さん。

「ご住職、今日K子を連れて伺っていいですか？　K子が〝すごい技ができるようになったから、どうしてもご住職に見ていただきたい〟というのです」

「先天性脳動静脈奇形《せんてんせいのうどうじょうみゃくきけい》」という難病がK子さんをおそったのは、彼女が女子短大を卒業して念願の保育士になって間もなくのこと。大手術を受けたK子さんは奇跡的に、命を取りとめたものの、五感の機能を失ったのでした。この時K子さんは二十一歳。

K子さんが失った機能を取り戻すためには、何よりもリハビリテーションが大切です。会社を辞めてK子さんのリハビリにつきそい続けたお父さんや、短大時代の友人たちの献身的な激励が通じたにちがいありません。三年後、まずK子さんの目と耳と口に回復のきざしが見えたのです。

また数年の月日が流れ、そして今日。K子さん二十六歳。子どもの頃からK子さんをよく知っている私は、少々落ち着きません。

「K子ちゃん、どんな技を見せてくれるんだろう」

穏やかな午後です。友人たちに囲まれて車イスに乗ったK子さんを一目見た私は走り寄って言いました。

「K子ちゃん、ずいぶんよくなったじゃないか。両方の目がパッチリ開いて、病気前のK子ちゃんにもどったね！」

K子さんが答えます。

「は…い。まえ…より…話…せるよう…になり…まし…た。今日は、わた…しの…技…をみ…て…くだ…さい…」

「えーっ、どんな技かな、早く見せて！」

「K子の技、みんなに見せて。頑張れ、K子！」

ゆっくりと車イスに座りなおしたK子さん、動くようになった左手で車イスの取ってを握り「よーいしょっ」と立ち上がろうとします。

「ゆっくりゆっくり、K子、ゆっくりね！」

「よーいしょっ！」

見事にK子さんが立ち上がりました。大きな拍手です。私もK子さんを支えながら言いました。

「すごい！　すごい技が出来るようになったんだね、K子ちゃん。おめでとう」

K子さんが答えます。

「じゅ…う…しょく…さん…わた…しの人生をわた…しの力…で…幸せに…生き…て…いきたい…から…がんば…りま…す…」

「そうさ、幸せに生きていけるさ！　K子ちゃんはこんなすごい技が出来るほどの努力家だ。自分の力で歩ける日は、もうすぐそこまできているよ。急がないでいい。いつか自分の足で歩こうね。応援してるよ！」

K子さんがいくどもうなずいています。自分の人生を幸福度を高めて生きていこうとして難病と闘うK子さんの、次の大技を見られる日が楽しみでなりません。

〝他人は良し良し、我はちと良し〟

二十八歳のOさんは、町で小さな八百屋《やおや》さんを経営しています。

毎日朝早く市場に仕入れにいき、店に帰ると、仕入れた野菜をもう一度きれいな水で洗って店頭に並べることで評判になり、売れ行きも上々。それにどこよりも安いのです。

聞くところによると、彼は高校生のときお父さんを亡くしたため、高校を卒業するとお父さんの後継者として八百屋さんの店主となり、今日まで頑張ってきたとのこと。同じ町の中には、いくつか八百屋さんがあります。とりわけ最近できた大手スーパーマーケットは、規模や資金力がけた違いなので、なかなか太刀打ちできないほどの競争相手。そんな中〝安くて新鮮な八百屋さん〟という評判をとっているのですから、たいしたものです。

私は、そんなOさんの心意気が知りたくてその八百屋さんを訪ねました。

「住職さん、ぼくはこう見えても、一つの〝哲学〟を持ってやっているんですよ！」

なんと、哲学を持ってやっていると言います。思わず問い返しました。

「どんな哲学ですか？」

「ぼくの哲学はですねえ、〝他人は良し良し、我はちと良し〟です。難しいことではありません。お客さんにはたくさん良い思いをしてもらおう。そして僕は、ちと、つまり、ほんの少しだけ良い思いをさせてもらおうということです。

他の店と競争したり、大手スーパーと張り合おうなんて気は全くありません。ぼくの店では、ぼくのできる範囲で、お客さんが幸せな思いになることを、精いっぱいさせてもらおうと思ってやっているだけなんです。

やろうと思えば誰にだって出来ることです。友達に言うんですよ。〝他人は良し良し、我はちと良し〟は本などから仕入れた借り物ではなく、ほんとうにぼくが考えた〝幸福への哲学〃だって！　みんな信用しないけどアッハッハ……」

Oさんに合って嬉しくなった私は、彼のような青年がいるかぎり、日本はまだまだ捨てたもんじゃないと思ったのでした。

○真の幸福度に満ちた日本へ

最近の新聞にも出ていましたが、二百万円の借金を返せなくて、両親が三歳と七歳の幼い子供を道連れにして一家心中。また、女子高校生が、遊ぶお金や物を買うお金ほしさに集団で売春をしていると聞きました。平気で売春をしてまで欲を満たそうとする彼女たちは、〃お金さえあれば何でも出来る、なんでも手にはいる〃と考えているのでしょう。

思えば、〃この世はお金さえあればなんでもできる。どんなものでも手に入る〃と若者たちに信じ込ませてしまった大人の責任は重いですね。なぜなら私たち大人こそ、お金ばかりを求める世の中を作ってしまった張本人だからです。お金によって欲望が満たされると、幸せになったような気がするけれど、それもいっときのこと、永遠に続くことはあり得ない。

今こそ真の「幸福度」に満ちた日本社会に変化させなければ、この国は崩壊すると思えてなりません。

3

父《ぶ》母《も》の恩《おん》、重きこと天の極《きわ》まり無きが如し

『父《ぶ》母《も》恩《おん》重《じゅう》経《きょう》』との出会い

母が逝《い》ったのは、私が中学一年生の春、五月のことでした。孤独感に苛《さいな》まれる日々の中、図書館で手当たり次第に読んだ本の一冊が、吉川英治著『宮本武蔵』。この名作は昭和十年から十四年に渡り朝日新聞に連載された歴史小説ですが、すでに文庫本になっていたのです。

夢中になって読み続けました。けれどある日、進まなくなってしまったのです。なぜなら……。武蔵を憎むお杉《すぎ》ばあさんが、『父母恩重経』というお経を生涯に千部写経《しゃきょう》する「願《がん》」を立て、その仮名《かな》がきの『父母恩重経』を、旅の途中で出遭《であ》う無法者《むほうもの》に節《ふし》をつけて誦《よ》んできかせると、は

じめはふざけていたあらくれ男たちが、いつしか涙を流しはじめるという場面に、私の目は釘《くぎ》づけになったのでした。

「無法者にも、親があった。粗暴《そぼう》な、生命知らずな、その日暮らしな、あらくれ部屋のゴロン棒も木の股から生まれた子ではない……。知らず知らず頬《ほほ》に涙を垂《た》れていた者が尠《すくな》くなかった」（巻六「仮名がき経典」の項）

全七巻におよぶ長編『宮本武蔵』（新潮文庫）を読み終えた後も、私の心に『父母恩重経』のことが居座《いすわ》っていました。

「無法者を号泣《ごうきゅう》させるほどのこのお経を、読んでみたい！」

そこで師匠に「どこに有るか」と問うと、厳しい一喝《いっかつ》。

「自分で探せ！」

『父母恩重経』にめぐり会ったのは、それから六年後。駒澤《こまざわ》大学の図書館でのことでした。大乗《だいじょう》経典の一つとされるこのお経が、実は中国で撰述《せんじゅつ》された「偽経《ぎきょう》」であることを知ったのも、この時のことです。偽経というとニセモノのように思われますが、お釈迦さまのご説法にのっとって作られているからには、まさにお釈迦さまの教えなのです。

静かな図書館で『父母恩重経』を幾度か黙読《もくどく》するうちに、おおよその意味が理解でき、いつしか私もかの無法者と同じように、幾度も涙をぬぐっていました。

あの時から五十年の月日が流れましたが、今も『父母恩重経』は、「父母の恩は天に極まりがないほど広大で重い」こと、そして「子は父母への報恩《ほうおん》の義務がある」ことを教える、掛《か》け替《が》えのない人間教育の経典であると信じて、拙寺《せつじ》にいらっしゃる皆さんと読誦《どくじゅ》しています。

その中の一部を、つたない私の解説と共に紹介しておきましょう。

○父母《ぶも》に十種《じっしゅ》の恩徳《おんどく》あり

父母《ぶも》の恩《おん》、重《おも》きこと天《てん》の極《きわ》まり無《な》きが如《ごと》し。善男子《ぜんなんし》、善女人《ぜんにょにん》よ、別《わ》けて之《こ》れを説《と》けば、父母《ぶも》に十種《じっしゅ》の恩徳《おんどく》あり。何《なに》をか十種《じっしゅ》となす。

心清らかで信心《しんじん》深い善なる男性のみなさん、善なる女性のみなさん、父と母の恩徳を、くわしく、わかりやすく説くならば、十種の恩徳となるのです。

その十種とはどのようなものかを教えましょう。

一《いっ》には懐胎守護《かいたいしゅご》の恩《おん》。

子どもを身ごもったと知るや、母はお腹の中の子どもを、大切に大切に守護しつづけました。

二《に》には臨産受苦《りんさんじゅく》の恩《おん》。

出産の時、母は激しい苦しみに堪《た》えました。

三《さん》には生子忘憂《しょうしぼうゆう》の恩《おん》。

母は子どもを身ごもっている間の苦しみも、生まれる一時《ひととき》の苦しみも、出産と共に忘れてしまいます

四《よん》には乳哺養育《にゅうほよういく》の恩《おん》。

母は計《はか》り知れぬ多くの母乳を飲ませて、育ててくれました。

五《ご》には廻乾就湿《かいけんじゅしつ》の恩《おん》。

子どもが大小便をもらして布団《ふとん》をぬらしても、父や母は乾《かわ》いたところを子どもにゆずり、ぬれ

たところに寝てくれました。

六《ろく》には洗濯不浄《せんかんふじょう》の恩《おん》。

子どもの大小便、不浄物を、汚れたものとも思わず、喜んで洗い流してくれました。

七《しち》には嚥苦吐甘《えんくとかん》の恩《おん》。

食事の時、父母は、自分たちより先に子どもに食べさせました。
また、苦いものは父母が食べ、甘くておいしいものを子どもに食べさせました。

八《はち》には為造悪業《いぞうあくごう》の恩《おん》。

わが子どもを育てあげたい一念から、時には恐ろしい罪を造るやも知れぬのに、悪業をもいとわなかった父であり母でした。

九《く》には遠行憶念《おんぎょうおくねん》の恩《おん》。

いつ何時《なんどき》、どこにいても、父母は子どもから離れずに、子どもを見守り、遠くへ行ったときは子どもの安全を祈りつづけました。

十《じゅう》には究竟憐愍《くきょうれんみん》の恩《おん》。

自分たちが生きている間は子どもの苦しみをかわってやりたいと思い、この世を去れば、子どもを守護してやろうとする父母でした。

そしてお釈迦さまは、再び次の一語をお示しになっています。

父母《ぶも》の恩《おん》、重《おも》きこと天《てん》の極《きわ》まり無《な》きが如《ごと》し。

〝このように父母の恩について学んでみると、父母の恩は、どこまでも深く重く限りがなく、まるで空の広さに限りがないことと同じであるということがよくわかるでしょう〟……と。

合宿のために拙寺へやって来る高校生たちと共に『父母恩重経』を読誦しますと、泣きはじめる生徒がいるのです。

とりわけ女子生徒の多くは、目に涙を浮べて一心に読誦し、帰りぎわに私に告げます。

「お経本、頂《いただ》けませんか？　私、一生涯持っていたいと思います」

言うまでもなく、希望者には快《こころよ》く配布しています。

『父母恩重経』は、近代の学問的には「お釈迦さまが説かれた教えではない」とされ、「偽経」であるとされています。それは事実かもしれませんが、しかし、このお経とめぐり得た私は、このお経から学んだ「父母の恩」と「子どもとしての報恩行《ほうおんぎょう》」について、多くの方々にお話しさせていただくことができました。

そして学問的にどうであれ、この『父母恩重経』は間違いなくお釈迦さまの教えであると私は信じています。

○親の恩は子どもに返す。そして他の人々に

ある日、M子さんが私に問いかけました。

「ご住職、とうとう母が寝たきりになりました。ご承知のように父が早く亡くなったので、母は私たち三人の兄弟を育てるのにたいへんな苦労をいたしました。その苦労が原因で倒れたにちがいありません。かわいそうで、申しわけなくて……」

M子さんの目から大粒《おおつぶ》の涙があふれます。

「住職さん、今、私にしてあげられることはなんでしょうか……？」

お茶をすすめながら静かに語りかけました。

「お釈迦さまが、『父母恩重経』というお経の中で、次のように教えてくださっています。

〝何はともあれ、お母さんのそばにいて、あなた自身が看病すること。すべてのことを他人にまかせてはならない……〟

と。そして、こうおっしゃっています。

〝病人の状態をよく見て、病人の希望することを察して、大便・小便の世話をしたり、心をこめてお粥《かゆ》の食事をすすめなさい。病人である親は、子どもが食べさせてくれる食事であれば、たとえ食欲がなくても食べるものだ。親が眠ったら静かに寝息を聞き、眠りから覚めたら、お医者さまに聞いた通り薬を飲ませなさい。このようにいつ何時でも、親の恩に報《むく》いる心を持ち、たとえ一瞬たりとも忘れてはならない……〟

お釈迦さまの教えは具体的ですね。そうそう、

〝たびたび足をさすってあげなさい〟

ともおっしゃっています。足をさすってもらうと気持ちがいいものねえ。M子さん、実行できますか……？」

じっとうつむいて聞いていたM子さんが、顔をあげました。

「やります。一所懸命やらせていただきます。でもこれだけは、母に恩返しできません。もっともっと恩返しをしたい……」

また大粒の涙です。時をおいて告げました。

「親からいただいたすべての恩を、返すことはできません」

「えっ、恩返しできないんですか？」

「お父さんやお母さんだって、恩返しをしてもらおうなんて思っていませんよ。それに親の恩はあまりにも大きくて、ちょっとやそっとで返せるもんじゃない。けれど、これからあなたができる恩返しの方法があります」

「えっ、あるんですか。教えてください！」

「あなたのお子さんに返すんです。あなたがご両親からいただいた大きな大きな恩と同じことを、あなたのお子さんにしてあげることです。そうすれば、お母さんもお喜びになるのです。親からいただいた恩は、子どもに返す。そして世話になっている他の人々へ返す！　わかりましたか？」

深くうなずくM子さんです。

○親に対する子どもの責任とは？

スリランカから来日した南方《なんぽう》仏教の僧パンニャラーマさんは、日本家屋《かおく》を借りて僧院をつくり、地域社会に溶《と》け込み、さまざまな活動を行っています。

長年、日本人と、その生き方を見つめてきたパンニャラーマさんが訴えました。

「近ごろの日本人は、お父さん・お母さんを大切にしていないように思えてなりません。私は時間があれば、一人暮らしのお年寄りをたずねて話し相手になっているんですが、みなさん、ほんとうは独りではなく、どこかに子どもさんがいるんですね。でも、たずねてこないんです。

老人介護の施設を訪問して驚きました。

〝もう五年間も家族が会いにきません。捨てられてしまったんです……〟と、おばあさんが泣いていました。とても信じられないことです。

篠原さん、南方仏教の教えの中に〝親に対する、子どもの五つの責任〟というのがあるので、お伝えしましょう。

①親は赤ん坊の時から自分で生活できるようになるまで深い愛情で育ててくれたのですから、偉大な恩人です。多大な恩を受けた子どもは恩返しをしなければなりません。年老いた親を大切にし、亡くなるまで養うのは子どもの責任です。

②親が必要としている用事があれば、急いで親のもとに行って、それを成《な》し遂《と》げ喜んでもらう責任があります。

③親がつくり、守り、貯《たくわ》えた所有物を失わないように保護する責任があります。とりわけ、先祖から受け継がれた物や心を大切にして、親を安心させる責任のあることを忘れてはなりません。

④遺産を継ぐことのできるのは、親に対する責任を果たした子どもに限ります。親に反抗し、親を見捨て、親を喜ばし安心させることのできない子どもは、遺産を継ぐべき資格はありません。

⑤親が亡くなったら、供養《くよう》をしなければなりません。なぜなら、いちばん近い先祖は親だからです。いちばん近い子孫は子どもです。ですから子孫である子どもは先祖、つまり亡き両親の供養をする責任があるのです。

日本には昔から〝親と先祖と太陽はいくら拝《おが》んでも拝み足りない〟ということばがあると聞いています。そのとおりです。すばらしいことばです。今、日本人は、なぜ実行しないのですか？　みんなで拝みましょう、親と先祖と太陽を！」

このパンニャラーマさんの説法を、多くの日本人に聞いてほしいと願わずにはおられません。

――誰にも見とられることなく、ひっそりと亡くなっている「孤独死」は、年間三万二千人と言われます。私は「孤独死」ではなく「孤立死」であると考えています。つまり、本当は豊かな人間関係を持って生きていた方々が、いつしか他人との断絶《だんぜつ》に追い込まれ、孤立しての死であると受けとめているからです。「孤立死」をされたお年寄りの中で、親子の断絶が原因になっていることも少くありません。

『父母恩重経』の教えを、今こそ老若男女《ろうにゃくなんにょ》問うことなくお伝えしたいと思っています。

4

わがいのちをいただいた 母あるは幸いなり 父あるも幸いなり

○深夜の町で見た親と子の断絶《だんぜつ》

夜回《よまわ》り先生の名で多くの人たちから尊敬されておいでの水谷修《みずたにおさむ》先生のように度々《たびたび》出向くことはできませんが、時々、新宿や渋谷を訪ねて若者と語ります。

十代・二十代の若者が深夜の街を徘徊《はいかい》し、今日出会ったばかりの同世代の人と、まるで長年の友人か仲間であるかのように、道路に円陣《えんじん》を組んで座り、タバコを吸い缶入りアルコールを口にして大声で語り合っています。

未成年と思われる女性に、声を語りかけました。

「あなたは、いくつ？」

「二十歳《はたち》……」

「そうかなあ、本当は何歳なの？」

「十七歳……」

「じゃあ、未成年じゃない。お家《うち》へ帰ろう！」

「いやだよ！」

「お父さん・お母さん、心配しているよ」

「心配なんかしてねえよ！　ほっといてよ！」

やっと自宅の電話番号を聞き出し、少女の了解を得て電話すると、お母さんが出て告《つ》げました。

「ほっといてください。誰か友達のところへ泊まりますよ。泊まるところがないと言ったら、どこかホテルに泊まるように言ってください。明日、支払いに行くと伝えてください！」

そう言って、電話は一方的に切られてしまいました。

私が、少女にお母さんの言葉をどう伝えたらよいのか困っていると、それを察した彼女が怒りのこもった眼で訴えます。

「だから言ったじゃねえか。親は心配なんかしてねえよ。面倒くせえから帰ってこないでくれって言ってるんだよ。親の気持ちなんて見え見えさ。あんまりおせっかい焼かない方がいいよ」

男子のような捨てぜりふを残して去っていく少女の背中に、やりきれない寂《さび》しさ、自分の無力感を感じました。

私、子どもを育てたくない

児童養護施設《じどうようごしせつ》「野の花の家」の施設長、花崎みささをさんにお会いすると、今の日本の家庭や親子関係でどんなことが起きているかを教えてくださいます。先日もこんなお話を聞かせていただきました。

「夏の夕暮れ、応接室のソファーに足をきちんと揃《そろ》えて浅く座った若いお母さんが訴えたのです。

〝私、この子をもう育てたくない。だから今後いっさい連絡をしないでください〟

それに対して私は、こうお願いしたのです。

〝分かりました。でもここにいるS君はあなたのことを求めていますから、あなたのいる場所だけは教えてくださいね。ここに電話をしたくなったらいつでもかけていいですよ〟

すると彼女は、私の言葉を遮《さえぎ》るように言いました。

〝ええ、でも連絡がくると私だってつらいんです。だから子どもの手紙や電話など、いっさいよこさないでください。お願いします〟

お母さんは、今にも崩《くず》れてしまいそうな細い体を、揃えた足と握りしめた両手で支えていました」

この若いお母さんは、二度の結婚と離婚を経験しています。三歳と一歳の男の子の母として、何とかここまで生きてきたのでした。ところが最近新しい恋人ができて、一緒に暮らし始めたものの、最初の夫との間に授かった二人の男の子のことでけんかが絶《た》えません。そこで花崎さんを頼ったとのことでした。

花崎さんのお話が続きます。

「彼女、泣きながら話し続けたのですが、心の中に居座《いすわ》っていた本当の気持ちをもらしたと思える言葉がありました。

〝私はきっと、心から人を信じ、愛することができない人間かもしれません。そんな不安が心の奥のほうでいつもうごめいているのです。そして私は自分をコントロールできなくて、すぐに感情を爆発させてしまい、物を投げたりわめき散らしてしまいます。そうかと思うと、沈み込んでしまって掃除も洗濯も料理もできなくなってしまう。私って、いったい何？　こんな私に、子どもなんて育てられるはずはない！〟

この〝野の花の家〟は、親の病気や死亡、離婚・行方不明・犯罪など、様々な理由で家庭で生活できない二歳から十八歳までの子どもたちを、両親に代わって養護・教育をするところ、つまり〝家庭の役割〟をするところなのです。

でも、この女性のように本当は子どもと別れたくない、この手で育てたいと願っているお母さんも多いはず。しかし現実はつらい。そこをお母さんならではの力、つまり母性《ぼせい》で耐えていってほしいと告げたい思いを、グッと飲み込みます。私たちにも忍耐が必要なんですね。

お母さんが私に確かめました。

〝私、子どもを育てなくてもいいんですよね？〟

〝ええ、私たちがしっかりと育てていきますから、大丈夫ですよ。でも約束してください。

必ず住所だけは連絡すると……〟」

花崎さんのひと言が忘れられません。

「今の世の中、自分と自分以外の人との関わりを穏《おだ》やかなものにしていく苦労に耐える力が、不足しているように思えてなりません。つまり、日だまりのような暖かさを作れないのです」

花崎さんは、今日も野の花のようにたくましく、そしてさわやかに活動をお続けになっています。

へその緒《お》が切れても続く親子愛

久しぶりに帰郷《ききょう》したA子さんが私に報告します。

「おかげさまで、男の子を授けていただきました。三ヵ月になりますが、よくお乳を飲んでくれて、こんなに太っているんです。この子を見ていると、私のいのちがこの子に受け継がれたという喜びが湧《わ》いてきて、うれし涙を流すことがあります」

私はA子さんに言いました。

「お母さんの胸の中で安心しきってわが子が眠っている……。これこそ〝絆《きずな》〟ですね。今、絆という言葉がよく使われるけれど、絆は一朝一夕《いっちょういっせき》にできるものではない。長い時間かかって多くの条件が整《ととの》わなければ、絆はできません。A子さんと坊やの絆も同じですよ。とても人間の力では作ることのできない、目に見えない条件が重なり整って生まれた〝いのち〟という絆なんです。あなたに見せたいものがあります」

私がA子さんに手渡したのは、一枚のコピーです。

「これは、香川県で行われている〝親守詩《おやもりうた》・子から親へ〟という活動に応募して、エッセイの部で優秀作品と評価された文章です。さあ、読んでみて……」

へそのおが切れても続く親子愛

坂出市立坂出小学校五年

はまべ　かいせい

妹が生まれたとき「赤ちゃんを生む力はどこから出てくるのかなぁ」と、不思議に思いました。お母さんは、いっぱい汗をかいて、歯を食いしばってがんばっていました。ぼくも、必死で応えんしました。お母さんは、あんなに苦しそうだったのに、妹が生まれると、笑顔になってうれしい涙を流しました。その笑顔は、ぼくが生まれて見た中で、一番いい笑顔でした。その笑顔を見たとき、「お母さんはすごいなぁ」と思いました。

ぼくも、あんなふうに生んでくれたんだと思って、「ありがとう」という気持ちでいっぱいになります。命をくれたお母さんとぼくは、今も、見えないへそのおでつながっています。お母さんも、お婆《ばあ》ちゃんとつながっていて、親子のきずなは、どんどんつながるんだと思うとうれしいです。

読み終えたA子さんの目から涙がこぼれ落ちて、気持ちよさそうに眠っている赤ちゃんの顔にかかります。A子さんが静かに言いました。

「何と強い絆なんでしょう……。私、恥ずかしいです。今までこんな思いをいだいたことはありません。今日、はじめて絆の深い意味を教えていただきました」

私にはA子さんの母性がまた深くなったように思えました。

基本はやはり親子関係です

世のすべてのお父さん・お母さんにお願いします。「お前がいるから幸せなんだ」「私はあなたがいるから、幸せな人生を歩むことができてるの」「お前の帰る港《みなと》はここなんだよ、わが家なんだよ！」と、お子さんに繰り返し繰り返し、伝えていただきたいのです。

そして、次のことを実行してください。

(1) お父さんとお母さんは仲よしで、とても愛し合っていることを態度で見せてください。
(2) どんな小さなことでも、ほめてあげてください。〝九ほめて一つだけ叱《しか》る〟などと言われますが、〝十ほめて一つも叱らない〟くらいの寛容《かんよう》さを示してください。
(3)「お前がいると、お父さん・お母さんはうれしいよ」と言葉に出して告げてください。
(4)「あいさつの仕方」「マナー」「正しいお金の使い方」など、社会人として生きていく上で必要なことを教えてください。
(5) お子さんの友達を認め、わが子のように大切にしてください。家に連れて来た時は心から歓迎しましょう。

◯わがいのちをいただいた　母あるは幸いなり　父あるも幸いなり

もう二十年前のことです。自死を考えているという高校生から質問を受けました。

「僕のいのちなんだから、どうしようと勝手でしょ?」

彼が納得してくれる解答を考えていた数日後、次の一文が出来上がったのです。

ご先祖《せんぞ》ご供養《くよう》のための感謝《かんしゃ》と誓《ちか》い

私《わたし》のいのちを誕生《たんじょう》させてくださった、父《ちち》と母《はは》に深《ふか》く感謝《かんしゃ》いたします。

父《ちち》と母《はは》のいのちを誕生《たんじょう》させてくださった、祖父《そふ》と祖母《そぼ》に深《ふか》く感謝《かんしゃ》いたします。

祖父《そふ》と祖母《そぼ》のいのちを誕生させてくださった、曾祖父《そうそふ》と曾祖母《そうそぼ》に深《ふか》く感謝《かんしゃ》いたします。

曾祖父《そうそふ》と曾祖母《そうそぼ》のいのちに連《つら》なる、数知《かずし》れぬご先祖《せんぞ》に深《ふか》く感謝《かんしゃ》いたします。

ご先祖《せんぞ》お一人《ひとり》お一人《ひとり》のいのちが、脈々《みゃくみゃく》と受《う》け継《つ》がれて、私《わたし》のいのちがあるのです。なんと不可思議《ふかしぎ》で尊《とうと》く、ありがたいことでしょう。

私《わたし》は、ご先祖《せんぞ》へ感謝《かんしゃ》のまことを捧《ささ》げ、そのご恩《おん》に報《むく》いるべく、二度《にど》とない人生《じんせい》を悔《く》いなく生《い》きることを誓《ちか》います。

私《わたし》は、ご先祖《せんぞ》からいただいた、かけがえのないこのいのちを、多《おお》くの人々の幸《しあわ》せづくりに、役立《やくだ》てることを誓《ちか》います。

私《わたし》は、ご先祖《せんぞ》からいただいた、かけがえのないこのいのちを、日本《にっぽん》の、世界《せかい》の人々《ひとびと》の幸《しあわ》せづくりに役立《やくだ》てることを誓《ちか》います。

最後《さいご》に、尊《とうと》いいのちを全《まっと》うすることなく、この世《よ》を去《さ》っていかれた、天災《てんさい》、戦争《せんそう》、事故《じこ》などの、犠牲者《ぎせいしゃ》すべてのご冥福《めいふく》を、心《こころ》よりお祈《いの》りいたします。

わがいのちをいただいた
母《はは》あるは幸《さいわ》いなり
父《ちち》あるも幸《さいわ》いなり
ご先祖《せんぞ》あるは
さらにさらに幸《さいわ》いなり

――今では、お寺の集りでこれを必ず皆さんと唱和《しょうわ》し、「いのちをいただいたことの感謝」「いのちの尊さ」を、改めて心に刻んでいます。

5 お姑《しゅうとめ》さん・お嫁さんは布《ふ》施《せ》行《ぎょう》があれば円満円満！

〝うちの嫁がね――〟

私のお寺では、夏は夜七時半から、冬は夜七時から、「梅《ばい》花《か》流《りゅう》詠《えい》讃《さん》歌《か》お唱えの会」を行っています。

「今日は暑かったねえ」「今日は寒いねえ」と声をかけあいながら始まる月例会《げつれいかい》ですが、詠讃歌（いわゆる〝ご詠歌《えいか》〟）をお唱えするうちに、おひとりおひとりが集中され、やがて全員の心が一つにとけ合い、小さな書院《しょいん》にお浄土《じょうど》が生まれます。およそ二時間。法具《ほうぐ》をしまいおえた講員《こういん》のみなさんの表情の、なんとおだやかなこと……。〝仏さまのお顔〟そのものです。

茶卓《ちゃたく》をかこんでの茶話会《さわかい》も、この月例会の楽しみの一つです。Mおばあちゃん手作りのお赤《せき》飯《はん》、Eさんの自慢のお漬物《つけもの》、Sさんはテレビの料理番組を見て作ったというショートケーキを……。各々が持ち寄っての、ほんとうに気楽な茶話会が十時頃まで続くでしょうか……。

講員さんの年齢は六十代から八十代。実は全員が女性。つまりおばあちゃんばかりです。話題は様々《さまざま》。とりわけ大好きなのは地域の噂《うわさ》ばなし。そして度々《たびたび》出るのが〝うちの嫁がね――〟で始まる、息子のお嫁さんに対する不満の数々。お茶を入れ替《か》えする私も、思わず聞き耳をたててしまう話題も少なくありません。

Mおばあちゃんが語ります。

「昨日ね、夕飯の材料にと思ってね。今度来た嫁に〝畑に行って人参《にんじん》を採《と》ってきておくれ〟って頼んだの。はーいと元気よく出て行ったのに、待っても待っても帰ってこなから、心配になって畑へ行ったの！　そしたら嫁が柿の木のあたりをウロウロしているので、どうしたのって声をかけたら〝お義母《かあ》さん、人参なんてどこにも生《な》ってないじゃないの、人参の木はどこにあるんですか〟って、柿の木を見上げながらいうじゃないの！

私、あきれかえってね、畑の中に連れていって、〝ほれ、これが人参よ。土の中に赤い色した人参が見えるでしょう〟って教えたの。そしたら嫁が大笑いして、〝あれ、人参て土の中でできるの？　私、木にぶらさがって生《な》ってるとばかり思ってたから、あちこち木を見て歩いちゃったわよ。なあんだ、そうか〟だって。もう、どうなってんのかね！」

するとKおばあちゃんが待ってましたと言わんばかりに……。

「うちの嫁はね……。私が畑から大根を採ってきて、〝大根おろしをつくっておいてね〟って頼んどいたの。それで、嫁が大根おろしを作っているのを見たら、どうも私が採ってきた大根とはちがうのよ。〝あら、どうしたの、その大根？〟って聞いたら、〝スーパーマーケットに行って買ってきました〟って言うのよね。

〝じゃあ、私が置いておいた大根は？〟って聞いたら、〝土がついていて不衛生《ふえいせい》だから捨てました。おばあちゃん、スーパーマーケットの食材のようにきれいな物を食べないと体に悪いですよ！〟だって。私、大急ぎでゴミ捨て場から大根を拾ってきたわよ。もうびっくりだよ。近頃の嫁には……」

先ほどまで〝ほとけさま〟だったおばあちゃんたちは変身したようです。

「うちの爺《じい》ちゃんが竹を切りに行くって言ったら、嫁がついて行ったのね。畑仕事があるのにさあ。帰って来た爺ちゃんの話を聞いてびっくりだよ！　爺ちゃんが竹伐《と》っていたら、ノコギリに顔を近づけてじっと見てるんだって。爺ちゃんが〝危ねえから離れろ〟って怒ったら、嫁がなんて言ったと思う。〝竹の子が出てくるところ見たいんです〟だって。今時《いまどき》、竹の子なんてねえべよ！

爺ちゃん、嫁が何言ってるかわかんねえから聞いたのさ。〝おまえ何言ってんだ？〟って。そしたら嫁がさ、〝タケノコは、竹の節《ふし》の中に入っているんですよね。私、一度見たかったんです！〟って言ったのさ。爺ちゃん、〝えっ？〟ってたまげたんだよ。とんでもねえ嫁だよ」

次々に〝うちの嫁がねえ――〟が続きます。

「孫が使った紙オムツ、いくつもテーブルの上に置いたままだったからよ、〝始末《しまつ》できねえなら、紙オムツやめて、昔のように木綿《もめん》のオムツにして、毎日洗ったらどうなの〟と言ったらさ、〝木綿のオムツにしてもいいですけど、お義母さん洗ってくださる？〟だって。頭に来ちゃったよ」

卵を割れないお嫁さん。洗剤でお米をといだお嫁さん。ホウレンソウと白菜《はくさい》の見分けができないお嫁さん。もう次から次へと……。

みんなが立ち上がった時、Aおばあちゃんがつぶやきました。

「まあオラのお姑さんもきつかったけどなあ」

この一言でみんなの足が止まりました。そこで私も一言……。

「みなさんもお嫁さんだったんでは？　お嫁さん笑うな来た道じゃもの。お嫁さん叱《しか》るな来た道じゃもの」

こうして夜がふけて行くのです。

○よいお嫁さん・よいお姑さんの十か条

一時期、核家族《かくかぞく》現象で、お嫁さんとお姑さんが同じ家に住むことが少ないと言われましたが、近ごろでは、おばあちゃんやおじいちゃんの存在が子どもの教育によいといって、同居する家族が増えたそうです。そこで起こるのが嫁と姑の問題です。こればかりは古今東西《ここんとうざい》、変わらないのですね。

そこでご紹介するのは、中野東禅《なかのとうぜん》先生から教えていただいた「よいお嫁さん・よいお姑さんの十か条」です。

まず、お姑さんの方からご紹介しましょう

▼「よいお姑さん十か条」

一、知らぬふりを上手にしましょう。

二、息子の世話はお嫁さんにまかせましょう。

三、あてつけに、朝早く起きて仕事をするのはやめましょう。
四、外孫《そとまご》をほめちぎらないようにしましょう。
五、息子以上にお嫁さんに近づきましょう。
六、他家に嫁《とつ》いだ娘を、ことさらよく待遇《たいぐう》するのは控えましょう。
七、外でお嫁さんの悪口を言うのはやめましょう。
八、お嫁さんの作った料理に、不満を言わないようにしましょう。
九、ときには、「おふくろの味よ」と言ってお料理をいっしょに作りましょう。
十、家にばかりいないで、どんどん外に出て見聞《けんぶん》をひろめましょう。

いかがでしょうか。
次に、よいお嫁さん十か条をご紹介しましょう。

▼「よいお嫁さん十か条」

一、お姑さんに、できるだけ甘えましょう。
二、夫のことで一人で悩まず、お姑さんに相談しましょう。

三、老人扱いにせずに、どんどん仕事を頼みましょう。
四、実家の自慢はやめましょう。
五、子どものしつけに協力してもらいましょう。
六、お料理をいっしょに作りましょう。
七、ときどき、お姑さんと外出しましょう。
八、夫の方の親類を大切にしましょう。
九、夫との仲をあまり見せつけないようにしましょう。
十、ときどき、ケンカもしましょう。

いかがでしょうか。

ひとくちに「よいお姑さん・よいお嫁さん十か条」と申しましても、それぞれの生活の中で工夫していくより道はありません。

家庭円満《えんまん》で、お嫁さん、お姑さんがうまくいく方法はまだまだあるはずです。みなさんの身近に、良い方法があったら教えてください。

もともと、生まれも育ちも、価値観もちがう人間同士。考え方や、受け取り方の、くいちがいでケンカにもなりましょう。

〝布施行〟こそ円満の秘訣

さて、おばあちゃんたちの話を〝無知《むち》な嫁〟とか〝今どきの若い子はねぇ〟とか〝こんなことも知らないで恥ずかしい〟というグチで終わらせてしまうのではなく、

「今の若い人たちは、子ども時代に、人間が人間になるために経験しておくべきことを経験させてもらっていないのではないか。つまり、教育というものが、どこかずれているのではないか。そして、教えるべきことを教えない私たち大人の責任もあるのではないだろうか」

と問いかけてみる必要があると思われてならないのです。

おばあちゃんとお嫁さんの関係が良好になると、お互いが〝仏さまになることができる〟ことを証明する実話を、以下にご紹介しておきましょう。

――寝たきりになったEおばあちゃんは、先に亡くなったおじいちゃんのお位牌《いはい》が見えるという理由で、お仏壇のある部屋で休んでいます。

この部屋に寝ていたいというもうひとつの理由は、菩提寺《ぼだいじ》のご住職さんがお参りに来られたと

き、いっしょにお経がよめるからとのことです。読経《どきょう》が終わったあと、おばあちゃんがご住職にこんなことを言いました。

「住職さん、ありがたいことです。私は、息子の嫁から毎日お布施《ふせ》をもらっております」

ご住職が思わず問いただしました。

「へぇー、お嫁さんがお布施をくれるんですか？　それも毎日ですか。すごいなー！」

「はいっ、ありがたいことです。よう飽《あ》きんと、毎日くれます。気持ちのいいお布施ですわ……ウフフ……」

見送りに出たお嫁さんに、ご住職がおばあちゃんのひとことを問いただすと、お嫁さんが顔を赤らめて語りました。

「おばあちゃんたら、お布施だなんて恥ずかしい……。――私、毎日おばあちゃんの足をさすってあげるんです。いつの間にかおばあちゃんは眠ってしまうんですけど、眠るまでさすってあげるんです。以前、私の実母が、亡くなったおばあちゃんにしてあげていたので同じことをしてあげているだけですよ。病人は足をさすってあげると気持ちいいんですってねえ。それだけです。おばあちゃんが気持ちよくなってスヤスヤ眠る顔を見ていると、私の方がうれしくなるんですよ……。お布施だなんて、おばあちゃんたら……」

「いやいや、立派なお布施ですよ。おばあちゃんも喜び、あなたもうれしい。共に喜びあえてこそ、本当のお布施なんですよ。むろん、見返りなんて求めていない。あなたの足さすりは立派なお布施ですよ。『無財施《むざいせ》』――つまりお金や物ではなく、心のお布施ですね。それがわかっているおばあちゃんもえらい。どうぞおばあちゃんを、あなたの仏さまと思って足をさすってあげてください――」

ご住職の言葉に、お嫁さん、ますます顔を赤くしてしまいました。

「なんだか私、恥ずかしい。お布施だなんて……」

――古今東西、お姑さんとお嫁さんの間には、何かと不和不仲《ふわふなか》が起こるものだといわれています。

けれど、お姑さんとお嫁さんの出会いが成立するためには、数々の条件が整わなければ実現しなかったはずです。つまり「良いご縁《えん》に恵まれた」のです。

お互いに「会えてよかった」という思いのあふれるお姑さんでありお嫁さんでありたいですね。

そのための秘訣《ひけつ》は〝布施行〟にほかなりません。

お姑さん、お嫁さんは、お互いの〝布施行〟があれば円満、円満！

第三章

苦しみを〝ほどく〟ために

1

苦しみも〝ほどける〟のです

はじめに一つの詩をご紹介しましょう。

ほどける

心がほどけた　その時に
人は　あったかい涙がこぼれます
心がほどけた
その時に
人は

あったかい笑顔がこぼれます
心がほどけた
その時に
人は
互いに強く引き合います
心がほどけたその時に
人は
大きく許し合います
きっと仏さまも
命をながらえた私たちを
許してくださると信じます

『あったかい手』（小野崎美紀編　ぱんたか刊）より

この詩は、東日本大震災のあと、宮城県石巻市《いしのまきし》の海の近くの洞源院《とうげんいん》というお寺に開設された避難所で発せられた心の叫びです。

四百人以上もの被災者が絶望、不安、悲嘆《ひたん》にうちひしがれながらも、共に生きぬこうと誓い合った人々の心が、日毎《ひごと》に〝ほどけて〟いったのでした。

心の奥深くに苦しみを抱いて長寿院《ちょうじゅいん》（筆者が住職をつとめる寺）をたずねてこられる方々にお伝えするのは、

「苦しみもほどけるのですよ。一緒に、ゆっくりと〝ほどいて〟いきましょう」

の一言です。〝ほどける〟という一語には「気持ちが和《やわ》らぐ」とか「うちとける」という意味がありますが、心の中に長い間居座《いすわ》っていた苦しみも、いつか必ず〝ほどける〟時が来るのです。

○不幸は必ず〝ほどけて〟いく

「何をやっても、うまくいきません。出口の見えないトンネルの中を歩いている気分です」

こんな思いを訴える若者に出会いました。そこで彼に伝えたのです。

同じ状態が続くことはありません。あらゆる物事は移り変わっています。つまり、ほどけていくのです。幸せなことは長続きしませんが、不幸なことも、また長続きしないのです。やっぱり、ほどけていくのです……と。

「まわりの人たちから孤立しています。誰も私に手をさしのべてくれません」

こんな悩みを告げる女性がいました。

そんな時には、誰かが手をさしのべてくれるのを待つのではなく、自分のほうから動いてみてはどうでしょう。するとそこには、新しい「つながり」が生まれます。つながりが生まれれば、つらい思いもほどけるのです……。

どんな苦しみだって〝ほどける〟のだと信じれば、苦しみを乗り越えて生きていくことができる。そう思えてなりません。

苦しみも、〝ほどける〟のです。

私は、人々の苦しみをほどいている方々を、たくさん存じ上げています。

苦悩から逃げないことが最良の特効薬

久しぶりに故郷へ帰ったK子さんは、まっすぐ中学時代の恩師O先生を訪ねました。教師を退職して、のんびり畑仕事をされていると聞いたからです。実は、K子さんには先生にどうしても相談したいことがありました。

社会人となって四年、二十六歳のK子さんは、今、職場の人間関係に悩み、苦しんでいます。

三ヵ月ほど前のことです。会社に出勤したK子さんを待っていたのは、所属する部の課長でした。突然彼がみんなのいる前でK子さんに告《つ》げたのです。

「君、何年たてば仕事覚えられるの？　君は仕事の進め方が遅すぎる。君が遅いから他の社員の仕事も滞《とどこお》ってしまう。もっとスピードを上げてよね！」

その日からK子さんは、まわりの目が冷たくなったように思えてなりません。K子さんは落ち込みました。

〝ああ、私は他の人より駄目《だめ》な人間なんだ。そのうち会社を辞《や》めさせられるかもしれない……〟

そんな思いが日に日に強まるばかりです。

「O先生！　K子です！　お久しぶりです」

畑の真ん中《まなか》で土を掘り起こしていたO先生が振り向きました。

「おーっ、K子、帰ってきたのか。今行くから……。そうか、帰ってきたか！」

O先生の「K子！」というわが子に対するかのような呼びかけに、K子さんの瞳から涙があふれました。

涼風《りょうふう》が田畑を渡っていきます。草原《くさはら》に座ると、K子さんは今の苦しみを一気に語りました。

最後までじっと耳を傾けておられた先生が、静かにお話になります。

「K子も大人になったなあ。世間の人間関係で悩むようになったということは大人になった証拠だ。いいぞ、いいぞ……。苦しんで苦しんで、悩んで悩んで、そこから出てくる結論が本物なんだよ。誰も一人では生きていけない。自分と他人との関わりの中で生きてこそ人間だ。いいか、K子。すぐに苦しみを治す特効薬はないんだよ。でも同じ状態は続かない。すべては変化していく。悩み苦しんでいるうちに新しい発見があって、苦悩から解放されるわけなんだよ。苦悩から逃げるなよ、K子！　そう、逃げないことが、ジワジワと、でも確実に効いてくる最良の特効薬なんだよ……」

この日を境《さかい》にして、K子さんの勤務態度は大きく変化したのでした。O先生のあたたかい言葉が、K子さんの日々の生活の杖《つえ》になり苦しみがほどけたにちがいありません。

〝真冬の中の薪《まき》〟を届ける

中国に関する話題が毎日のように新聞やテレビで報道されています。

小学校の校長先生だったAさんは、退職後、中国少数民族教育支援ボランティア活動を一心に続けて、十年が過ぎました。

先日、Aさんのもとに、モンゴル民族を中心とした少数民族が居住《きょじゅう》する中国西部の青海省《せいかいしょう》烏蘭県《らんけん》の小学校・中学校から、次のような便りが届いたのです。

「贈られた一千冊の図書《としょ》をいただきまして、先生の崇高《すうこう》な国際主義精神に大きく感動しました。我が学校の生徒や教員全員が心からお礼申し上げます。

我が地区の基本状況を申し上げますと、モンゴル民族を中心に多数（約六十民族）の少数民族が暮らしております。経済的には基盤が弱いため、大変遅れている地方です。多くの人々は未《いま》だ、余りにも貧しい生活を送っています。したがって、民族の教育を発展させて、厳しい状況を改善し、民族の伝統を守りながら共同で進歩をはかる願いがありますけれども、なかなかはかどらず、今日《こんにち》に至っています。

ちょうど困難であるこの時期、先生の賜《たまわ》りものであるたくさんの図書を目の前にして驚きました。金銭よりも貴重な贈りものと存じまして、感謝と喜びの気持ちでいっぱいです。中国には「真冬の中の薪《まき》」という諺《ことわざ》がありますが、まったくそのとおりです。厳しい寒さに耐えている人にとって、真冬の中の薪ほど有り難いものはありません。先生は正《まさ》に「真冬の中の薪」を贈ってくださいました。

中日両国の友好関係についてはよく聞いてはおりました。けれども奥地に住む我々には何も関わりのないことと思われていました。今回は初めてのことで、我々には夢のようです。先生のうるわしい友情・真心《まごころ》の援助に感謝します。先生の心あたたかい行動によって、両国の友誼《ゆうぎ》が一層深まることでしょう。

心をこめて贈られた図書を、その作用を、最大に発揮《はっき》させるため努力するつもりです」

モンゴル語で書かれた文章を、誰かが日本語に訳したにちがいありません。Aさんが私に語ってくださいました。

「こんなに喜んでもらって、私のほうがお礼を言いたいほどです。〝真冬の中の薪〟というひと言、心に染《し》みました。日本円に換算《かんさん》して十万円の予算で六百人の小学生・中学生に教科書を、そして先生に辞書や指導書などをプレゼントできます。

住職さん、人間の成長にとって教育は欠かすことができません。教科書を手にして喜ぶ子どもたち、辞書を開く先生たちの写真が手紙に同封されていましたが、それを見て、私、涙が止まりませんでした。長年、教員をさせていただいた恩返しを、ほんの少しできたと思えたからです。お礼を言わなければならないのは、私のほうなのです」

Aさんは、今年も中国奥地の少数民族の子どもたちが通う小学校に、〝真冬の中の薪〟を届ける準備を始めました。Aさんの活動は政治・宗教・民族を超えて、お互いに心を〝ほどく〟ことができることを教えています。

○生きるとは他人《ひと》のために尽《つ》くすこと

「おーい、ばあちゃん、起きとるかい?」

七十五歳とは思えないKさんの張りのある声が、隣近所《となりきんじょ》を目覚めさせます。一人暮らしをしているTおばあちゃんの声が家の中から返ってきました。

「起きとるよー! 待ってました。やってほしいことができてねえ」

縁側《えんがわ》のガラス戸を開けて顔を見せたTおばあちゃんが告げました。

「トイレの戸が閉まらなくなってしまった。それに水もチョロチョロとも漏《も》れっぱなしだ。ちょっと見てもらいたいんだけど……」

「またか? ばあちゃんちのトイレはよく故障すんなあ。見てみるか」

家の中に入ると、まるでわが家のようにまっすぐトイレに向かうKさんです。

Kさんは宮大工《みやだいく》の棟梁《とうりょう》でした。多くの神社や寺院の建築を手がけた名《めい》棟梁だったのです。長男にその役目を譲《ゆず》ったのは二年前のこと。寺社建築が減って、会社の方針が一般住宅の建設も請《う》け負《お》うように変わったのでした。

「ばあちゃん、もう心配ねえ。戸が閉まらねえからって足で蹴飛《けと》ばしたりするんじゃねえぞー」

「そんな行儀《ぎょうぎ》の悪いことするもんですか。いつもありがとうございます」

Tおばあちゃんが深々と頭を下げて、お礼を言いました。次の家です。

「おーい、じいさんいるか？　おれだよ。何か困ってることねえか？」

あちらのおばあちゃん、こちらのおじいちゃん。みんな一人暮らしです。それだけにみなさん、棟梁の訪問がうれしくてたまりません。どんな難問《なんもん》でも解決してくれるKさんのことを、誰もが〝棟梁〟と呼んで頼りにしています。手間賃《てまちん》など一切受け取らないのも、Kさんの主義です。

最後に訪ねるのは、いつも長寿院の縁側。私との茶飲み話で一日が終わるのでした。

Kさんが言います。

「この歳《とし》まで生きてみると、生きている時間もわが生命《いのち》そのものだということがわかってきました。私は自分のために多くの時間を使ってきましたが、残りの時間は他の人のために使わせてもらいます。自分の生命《いのち》という時間のせめて半分は、他の人のために使うべきでした。だって、私がここに生きていられるのは、他人《ひと》さまからいただいた他人《ひと》さまの時間、いや生命《いのち》のおかげですものねえ。生きるということは、他人《ひと》のために尽《つ》くすことだということが、やっと分かりました」

独居《どっきょ》老人を訪ねてリフォームボランティアを行うKさんの布施行《ふせぎょう》は、今日も続いています。私はKさんを「心のほどけた人」そして「心をほどく人」だと、心から尊敬しているのです。

——私たちは日頃、「仏」を「ほとけ」と言いますが、なぜ「ほとけ」と呼ぶようになったのでしょうか。一つの説ですが、「ブッダ」とは悟りをお開きになった人のことで「さとった」とはあらゆる迷い、束縛《そくばく》がなくなった状態、つまり「ほどけた状態」です。この「ほどけ」が「ほとけ」になったという説があるのです。

ならば苦しみを〝ほどく〟ということは、仏さまに近づく、いいえ、仏さまになることに通じていると思えてなりません。そうです。仏教は苦しみをほどいて仏さまになる教えなのです。

2 発《ほっ》心《しん》 発《ほっ》心《しん》 また発《ほっ》心《しん》

○仏教は生きているうちに学ぼう

私の名刺《めいし》は刷《す》っても刷っても無くなります。メチャ受け。講演の後、皆さんから求められるからなのですが、その理由は私の名前や住所を知りたいのではありません。名刺のウラに記しているメッセージが目当てなのです。それは……。

「お寺には、生きているうちにおいでください。死んでからでは遅いのです。〈仏教〉はより良く生きるための〈生き方〉を説いています。生きている間に学び実行してください。死んでからでは遅いのです。どうぞおいでください」

講演でお話いたします。

「私の知る限り、亡くなった人のために説いた宗教はありません。どの宗教の教えも生きている人のために説かれています。

お釈迦さまの教えは、この世で生きている私たちに、より良く生きるヒントとして説かれているのです。亡くなった人のためにではなく、今、生きている私たちに説かれた教えであることを忘れないでください。私は名刺のウラに……」

このことから私の名刺はすぐに無くなるのです。

余談ですが、初めてこの名刺をお見せしたのは、私と同じ曹洞宗《そうとうしゅう》僧侶で、教育者としても高名な無着成恭《むちゃくせいきょう》老師。すぐさま〝これは良い〟と言ってくださって、老師も同様の名刺を千枚もお作りになったのですが、さすがに著名人。あっという間に無くなったのでした。

〝仏教は生きている人のために説かれた〟という一言に、「そういうことなんだ」とうなずいている方々を見て、仏教が死者供養のための宗教だと受け取められているのかを実感せずにおられません。

講演後の質問で、とりわけ多い質問が
「悟りってどんなことですか?」

「どうすれば悟ることができますか?」

そこでこんな風にお伝えします。

「悟りを、理屈や観念で受け止めようとするとますます分からなくなります。私は、悟りとは、気づくことであり、仏さまの教えに目覚めること、つまり〝発心《ほっしん》〟することと受けとめています」

そして〝発心〟された方々をご紹介するのです。

きれいにしていれば誰も汚《よご》さない

午前七時。私のお寺に近いＪＲ線の無人駅の改札口を、人々が急ぎ足で通り抜けていきます。そんな中、黙々と駅の掃除をしているのは六十八歳のＦさんです。顔なじみの高校生が声をかけていきます。

「おじさん、おはようございまっす……」

「おじさん、元気っ？」

Ｆさんが答えます。

「おはよう。しっかり勉強しなさい！」

ひとしきり乗降客でにぎわっていた駅に静けさが戻ります。この駅に停車する電車は一時間に一本。次の電車が来るまでの時間こそ、掃除がはかどるチャンスとばかり、Fさんは手を休めることがありません。ある時、Fさんにかねてより気になっていたことをたずねてみました。

「毎日駅の掃除をしてくださって、みんな口には出さないけれど、とても感謝しています。よろしければこの駅の掃除を思い立たれた訳を聞かせてくださいませんか……？」

駅のベンチに腰を下ろしたFさんの額に、うっすらと汗がにじんでいます。

「私は二十五歳でサラリーマンになって六十歳で定年。おかげさまで三十五年間、無事につとめさせてもらいました。思えば毎日この駅から電車に乗って会社に行き、この駅に帰ってきたのです。ここはそのころからずーっと無人駅だったのですが、私は毎日、『行ってきます』『ただいま帰りました』とこの駅に語りかけてきました。そして心の中でこの駅と約束したのです。定年になったら、恩返しのつもりで毎日掃除をして、きれいな駅にするからねって。近くに高校があるものですから、利用者も多くなり、ごみも随分でるようになりました。おかげで私が役に立つようになったんです。

ひとつわかったことがあります。気がついたのです……。

人は、汚れているところはますます汚します。ところが、きれいなところは気をつけて汚しません。この小さな駅のトイレを見てください。とてもきれいですよ。私が毎日掃除をしているせいもありますが、やっぱりきれいにしているとみんな汚さないんです。時々、『ただ働きなのによく続けるねえ』なんて言う人がいますが、私はうれしいんです。定年後の時間をお役に立てることができて、本当にうれしいんです。

この駅から私は他人《ひと》さまのお役にたつ〝人間の生き方〟を教えてもらいました」

そう言うとFさんは、次の電車が来るまでの時間をおしむように、軽く会釈をしてトイレに向かいました。

発心した人の背中は輝いています。

良い欲を持つ

タクシーに乗ったところ、大渋滞に巻き込まれ、少々イライラしている私に、運転手さんが話しかけてきました。

「お坊さんですよね。ちょっとお聞きしていいですか？　私、自分でいやになるくらい欲深いんです。とにかくお金はたくさん欲しいし、おいしいものは食べたいし、酒もタバコも止められない……。どうしたら欲望をなくせるのですか？」

渋滞中。生き方説法のチャンスです。

「今のお話を聞いただけでは、とてもあなたが欲の深い人とは思えませんよ。同じような欲、誰でも持ってますよ。運転手さんだから車にたとえて話しましょうか。欲望は車のエンジンと同じですよ。エンジンがあるから走ることができるように、人間も欲望があるから生きていけるのです。意欲があるなんて言うじゃないですか。意欲という欲が無ければ仕事はできません。だから欲はなくてはならないものなのです。さて、車を発進させるためには何が必要ですか？」

「まずアクセルですね！」

「そう、人間も欲望を実現させるためのアクセルを持っています。頭脳です。頭脳が目的に向かって、〝さあ進め〟と指示を出します。次に正しく目的地に向かうために何が必要ですか？」

「ハンドルですかね」

「そのとおり、人間のハンドル、これも頭脳です。さて、スピードがですぎたり、突然人が飛び出したときは？」

「ブレーキを踏みます！」

「そう、人間も欲望というエンジンにブレーキをかける装置があります。それは正しく整備された心のブレーキです。心が整備されていないと、ブレーキがかかりません。欲望というエンジンに頭脳というアクセルとハンドルで指示し、よく整備された心というブレーキで制御する。このことがわかっていれば、決して欲望によって人生を無駄にすることはありません」

「いやあ、身近なたとえで説明してくださりよくわかりました。欲を持っていいのですね……」

「もちろんです。大切なことは良い欲を持つことです。人生を幸福にするためにも良い欲を持ってください。不幸を招くような苦しみがくっついている欲は持ってはなりませんよ」

「お坊さん、今日から車のブレーキも心のブレーキもしっかり整備して生きていきます」

バックミラーに映る運転手さんの顔がおだやかです。私はうれしくなって、次のような詩が載っている小冊子を手渡してタクシーを降りました。

足ることを知る心

貧しいことが善でもありません

豊かなことが悪でもありません
貧富《ひんぷ》にかかわらず　貪欲《とんよく》の心が起こるとき
人は美しい心を失います
仏心《ぶっしん》とは
足ることを知る心のことです

◯死はおまかせ

「住職さん、私もそろそろお迎えがくる時期だと思うのですが、どんな死に方をするんだろうかと考えると、夜眠れなくなりましてねえ。家族の知らない間に風呂の中で死んでいたらどうしよう、畑の草むしりをしている最中に死んだらどうしよう、寝たきりになって息子夫婦の世話になるのはたまらない。こんなことを寝床で考えていますと、とうとう夜が明けることがありまして……」

こう語るNさんは七十五歳。日焼けして逞しさが表れている男の顔。経済的にも家庭的にも恵まれているのですが、やはり歳をとると、多かれ少なかれ、死についての悩みや不安を抱くようです。Nさんが呟《つぶや》くように言いました。

「住職さん、他人さまに迷惑をかけずにサラリと死ねる方法はないんでしょうかねえ……」

お茶をすすめながら答えました。

「Nさん、木の葉の散る様《さま》を見ましょうか。まだ散るのはいやだとか、石の上に落とすのはやめてくれとか、泥の中はかんべんなどと言って散っていく葉はありませんね。時を選ぶことなく、場所を選ぶことなく、なされるがままに大地へ落ちていきます。ただただ風にまかせて散っていきます。人間の死も同じではないでしょうか……。仏さまにおまかせするよりほかにないと私は思っています。

一休さんがこんな詩を詠《よ》んでおいでです。

生まれては　死ぬるなりけり　おしなべて
釈迦《しゃか》も達磨《だるま》も　猫も杓子《しゃくし》も

〝死は誰彼《だれかれ》と選ぶことなく、少しの差別もなくやってくる。お釈迦さまであろうが達磨さんであろうが、いや猫だって死ぬ。だからジタバタするんじゃない！〟と一休さんは一喝《いっかつ》されたのですね。

Nさん、サラリと人に迷惑をかけずに死ねる方法なんてないんですよ。いや、あるかもしれないけれど、いくら考えたって分かりっこありません。だって死は何年何月何日にやってくるかという予告はないのですから。おまかせです。おまかせ……。

あるおばあちゃんが言っていましたよ。

『私は死ぬことなんてこわくないんですよ。先に逝《い》ったじいさまのところへ、もう一度嫁に行くと思っていますから』

おばあちゃんのようにおおらかに生きたいと私も思っています。眠れない時には、お仏壇の前に座って静かに息を調《ととの》えてみてください。調身調息調心《ちょうしんちょうそくちょうしん》と言って、身体が安楽になり、心が静まって、悩みも不安も消えること、間違いなし」

風まかせで散って行く木々の葉を見つめながら、Nさんが告げました。

「住職さん。おまかせすればいいのですね！」

○今日も〝発心 発心 また発心〟

〝娑婆往来八千遍《しゃばおうらいはっせんべん》（悟りの世界と娑婆世界を八千遍往《ゆ》き来《き》する）〟という一語があります。

「気づく」「発心」する。でも、また欲望に身を任せてしまう自分。そして〝これではイカン〟

と再発心。

仏教詩人の故坂村真民《さかむらしんみん》先生から頂《いただ》いた一言が忘れられません。

「発心 発心 また発心ですよ！」

私も仏の道へ入る第一歩は〝気づき〟であり〝発心〟であればこそと信じ、今日も〝発心 発心 また発心〟とお唱えしながら、精進《しょうじん》して参ります。

3

自己の人生に腰をすえる

自己の人生、誰にも代わってもらえない

冬の朝。勤行《ごんぎょう》の身支度《みじたく》を整《ととの》えて本堂へ向かおうとした時、玄関で声がしました。

「朝早くすみません。住職さんにお会いしたくて参りました。できれば朝のお勤《つと》めにご一緒させてください……」

玄関の戸を開けると、ジョギング姿にカバンを手にした中年の男性が頭を下げています。私は何も問うことなく彼と共に仏前《ぶつぜん》に座り、朝課《ちょうか》を終えました。

突然の来客はよくあること。書院《しょいん》に招いてお茶を入れます。彼は湯気のたつ茶碗を両手でかかえ、ゆっくりと飲みほすと、冬枯《ふゆがれ》の庭を見つめています。

「おかわりをどうぞ。」

手をのべてすすめる私に彼は顔を左右にふると、静かな声で語り始めました。

「住職さん、私、昨日、T刑務所を出所した男です。街へ出てまっすぐに本屋へ向いました。そして出会ったのが、住職さんがお書きになった本です。安いビジネスホテルに泊まりましたが一晩で読み、私、本当に救われました。一言御礼を申し上げたくて不躾《ぶしつけ》にも、こんな朝早くに来てしまいました。申しわけありません」

テーブルに置かれた本は、確かに私が上梓《じょうし》した『どんなときでも出口はあるよ』（WAVE出版）という一冊の単行本です。

私は彼に告げました。

「読んでくださってありがとうございます。救われたなんて言ってくださり、恐れ入ります」

彼の目から大粒の涙が流れています。

「住職、私は大きな罪を犯した人間です。出所したらすぐ死ぬと決めておりました。けれど、住職さんの本を読むうちに、思いがけず私はどんなことがあっても生き切ってみようと思うようになっていました……。住職さん、私の罪とは……」

私はすぐに彼の言葉をさえぎって告げました。

「終わったことです。話すことはありません。さあ今日、まっさらな今日、今までにない本番の日を迎えたと思って、生き切る一歩を踏み出してください。迷った時にはここへ帰って来てくださいね。今日から、この寺は、あなたの母港《ぼこう》と思えばいい。玄関はいつでも開いてますから……」

男性が号泣しています。やがて幾度もふり返りながら、門を出て行きました。

私は彼の背に向かってつぶやきます。

「自己の人生、誰にも代わってもらえない。腰をすえて生きてくださいよ……」

○自己の人生に腰をすえる

古い話ですが……。昭和四十二年十一月、一人の歌人が死刑によってこの世を去りました。その人の名は島秋人《しまあきひと》。

新聞などに投稿し、その歌のすばらしさは、獄中の歌人として世に知られました。そして多くの人々の減刑嘆願《げんけいたんがん》もむなしく、三十三歳で死刑になった歌人です。

島秋人さんは戦後大陸から引き揚げ、家の貧しさから東京に出て浮浪児となりました。その後、空家《あきや》に放火。当然のことながら刑務所行き。

四年の刑を終えて故郷へ帰ると、すでに頼る人もなく、途方に暮れて農家の軒下《のきした》にしゃがんでいるところを、「ドロボー」と叫ばれて逃げ出しました。

そのまま逃げておれば何事もなかったかもしれません。けれど取って返した島さんはその農家に入り、二千円を奪い、島さんの姿を見たその家の主婦を殺してしまったのです。

死刑の判決。若き死刑囚の心に和歌をよむ楽しみや喜びを教えたのは、中学時代の絵の先生ご夫婦でした。

貧困、無学、罪人、刑務所生活……。どん底の中で、島さんは和歌の創作に目覚めます。それは自己の人生に腰をすえることでもあったのです。腰をすえたときから、自己を懺悔《さんげ》し、死刑囚でありながら満ち足りた人生を送りたいと思うようになったのでした。

島さんのよんだ歌です。

幸せと覚《おぼ》ゆる度《たび》に優しさの
　ふかまりて来てすべて足りゆく

他者と自分とは比べようがありません。島さんの歌を味わうと、自己の人生に腰をすえる、そのときから道が開けてくると思われてなりません。

◯「あんたがたは、みんな仏さまなんだ」

大学生のE君が、質問して来ました。

「住職さん、仏教の教えでは、人は誰でも、〝仏〟になることができるんですよね。でも、罪を犯して刑務所に入っている人でも、仏さまになれるんですか？」

彼への答えとして私は、次のような話をしたのです。

かつて網走《あばしり》刑務所が、極悪非道《ごくあくひどう》の犯罪者を収容する場所として怖れられていた時代のことです。明治維新《いしん》生き残りの名僧といわれた元峰《げんぽう》さまのところへ、服役者《ふくえき》に説法してほしいとの依頼がありました。

九十歳を過ぎた御身《おんみ》でありながら、元峰さまは網走刑務所へおいでになり、広い講堂を埋めつくした服役者の前にお立ちになります。

多くの目が元峰さまの第一声を待っていますが、声がありません。

しばらくして、元峰さまの口をついて出たのは……。

「あんたがたはな、みんな、仏さまなんだよ。ここは、仏さまがおるところじゃない、仏さまがおるところじゃないよ」

その声は涙声ながらも、大きな声です。お説教が始まると思っていた服役者たちは、静まりかえりました。

壇上にはまだ、元峰さまがお立ちです。手を合わせ、目にいっぱいの涙です。あちこちで男たちが目頭《めがしら》を押さえています。すすり泣きも聞こえます。

やがて元峰さまは、説法をされることなく深々と頭を下げて壇上を去られたのでした。仏さまの種《たね》を宿して、この世に生を受けたはずの人々がなぜここに……。元峰さまの目に映ったのは、まだ仏さまの種を宿したままの〝仏の子たち〟の姿でした。

この日を境《さかい》に、罪の深さを心から懺悔して、み仏の道を求めた服役者が数多くいたと言われています。

目を閉じて聞いていたE君がいいました。

「人は誰でも仏さまになれるんですか？　たとえ罪を犯した人でも、心から懺悔して道を求めれば仏さまになれるということでしょうか？　誰でも生まれながらに〝仏さまになる種〟を持っているのだけれど、その種が育っていないということなんですね」

「その通り。仏さまになることのできる種子をいただいているのに、その種を育てる太陽の光や水や栄養を受けることなく、汚水や塵芥《ちりあくた》の中に居座《いすわ》っていては、種子はくさり、仏さまにはなれない。種子を育てる太陽の光や水や栄養とは、仏さまの教えであり、その教えを学び、日常生活の中で実行するという生き方。そこに腰をすえるということ。種子をくさらせる汚水・塵芥とは、欲望のままに流されていく生き方だ。

さて、君は仏さまになりたいのかね……？」

「なりたいです。二度とない人生ですから……。大《だい》それた願いでしょうかねえ……」

「いや、すばらしい願いだ。気づいていないかも知れないが、君はすでに、いただいている仏さまの種子にもう芽が出ているよ！」

「えっ、ほんとうですか……？」

私は純心な若者の笑顔にうれしくなりました。

見えているのに見えなくしているのは誰？

静かな本堂で、中年の男性がじっと座ってご本尊と向かい合っています。もう二時間以上の時がたっているでしょうか……。

座っているのは建設会社の社長Sさんです。お昼ごろ、お寺を訪ねたSさんが私に訴えました。

「このままでは私の会社は倒産します。今、私がとるべき道を教えてください……」

疲れきっているSさんに、話したこととは――。

「経営上で起きた問題は、経営の戦略や戦術を見直して解決策を見つけるより方法はないでしょう。今、大切なことは社長であるあなたがうろたえないことです。腰をすえることです。

こんな話が伝えられています。

江戸時代、風外本高《ふうがいほんこう》というお坊さんがおられました。人々から〝風外さん〟と呼ばれて人気のあったお坊さんです。風外さんが三河《みかわ》の円通院《えんづういん》におられたとき、関西の豪商《ごうしょう》といわれた川藤太兵衛《かわふじたへえ》さんがやってきて、あなたと同じようなことを訴えたのです。

『商売がうまくいかず、このままだと大事《おおごと》になることは目に見えています。どうかこの一大事からお救いください……』

ところが風外さん、話を聞いているのかいないのか、返事もしないで顔を四方八方《しほうはっぽう》に動かすばかり。とうとう太兵衛さんが声を荒らげます。

『私にとっては命がかかっている一大事。なのに和尚さんはなぜ真剣に聞いてくれないのですか!』

風外さんが答えました。

『いやあ、すまんすまん。実は一匹のアブを見ていたのだよ。あのアブは外へ出とうてならんのじゃ。ところが壁にぶつかり障子《しょうじ》にぶつかりで、よう出ん。

ごらんなさい。この荒れ寺のこと、障子は破けて外が見えておるし、天井の隅《すみ》も落ちて青空が見えておる。出口はどこにでもあるのに、はよう出たい出たいと思う気が先に立つものだから、出口があってもわからんのじゃよ。一度、柱にでも止まってよく見回せば、すぐそこに出口があることに気づくものを……。おろかなアブと思ってな……』

この風外さんのひとこと、太兵衛さんの胸をズシンと打つものがありました。

『住職さん、私もあのアブと同じにちがいありません。今一度、よく私の人生を見つめ直してみたいと思います！』

その後太兵衛さん、みごとに立ち直ったということです。Sさん、この話、どう受け止められましたか？　解決の方法が見えているのに見えなくしているのは、誰でしょう？」

Sさんが本堂で、腰をすえてみ仏と対話を始めたようです。

――「自己の人生に腰をすえる」ことを仏教では「決定《けつじょう》」とか「禅定《ぜんじょう》」という語で教えています。

自己の人生に腰をすえた時に何が生まれてくるでしょうか。私は「智慧《ちえ》」だと信じています。

「智慧」とは、観《み》えなかったことが観えてくる。
聴こえなかった声が聴こえてくる。
観えるのは仏さまです。
聴こえてくるのは仏さまのみ教えです。
すると、益々《ますます》どっしりと腰が座ってくる。
あなたの人生、どっしり、腰をすえて生きぬいてくださいますよう……。

4 心の中の鬼を追い出した若者たち

「この体、鬼と仏が相住《あい》める」ということばをご存じですか？　たしかに私たちの心には鬼も住み仏さまもおいでになると受けとめられますね。

怒りで自分を抑《おさ》えられなくなったり、あれもほしいこれも手に入れたいと激しい欲望の炎と化す……。このとき、人は鬼になり、逆にこれらの思いを離れて安らかに生きるとき、仏さまになると言えましょう。

私は今日まで心の中の鬼を追い出して、みごとに仏さまと共に生きる道を選んだ若者と度々《たびたび》会って参りました。

○おれ地獄《じごく》行きだよね！

冬の朝、玄関に立った青年の顔を見て、私はハッとしました。

「おう、J君じゃないか！　よく来た。元気でいたかね。人のうわさで、君が暴力団に入っていると聞いたので、とても心配していたよ。高校を中退して君がいなくなってから、おやじさんは毎日やけ酒飲んでたっけ。かわいそうに奥さんにも先立たれたおやじさん、三年前に肝臓がんで亡くなった……。

　実は、君が帰ってくると思って、おやじさんのお骨《こつ》はお寺であずかっているんだ」

客間に座るJ君の顔には、鉛《なまり》のような重い疲れがよどんでいます。

「住職さん、すみませんでした。なんとかして暴力団を抜け出そうと努力してみたのですが、いろんなことにしばられて抜け出せませんでした。今度、暴力団取り締まりの新しい法律ができ、警察に逃げ込んでやっと抜けることができたのです。両親が死んだことは知りましたが、どうしても故郷《くに》に帰ることができませんでした。今日、やっと帰ってきたんです」

「そうか、組織を抜けてきたか。よかった。亡きご両親も安心だ」

彼が問いかけます。

「住職さん、おれ地獄行きだよね。さんざん悪いことをやってきたんだもの。おれなんか地獄へ堕《お》ちて当たり前だよね」

「そうだなあ。もしあの世に地獄というものがあって、君が今のままでいるとしたら、地獄行きかもしれんなあ。けれど、今の人生にけじめをつけて、君が行った悪事の数以上に良い行いをして人のために尽《つ》くせば、極楽《ごくらく》行きの道も開けると思うがね」

「いや、どれだけ人のためになることをしても、おれは地獄行きだ！　それほど悪いことをしてきたんです……」

私は語気《ごき》を強めて告《つ》げました。

「もし極楽と地獄があるなら、私は地獄へ行く。地獄へ行って、地獄で苦しむ人たちを極楽行きの列車に乗せるために、やらねばならんことがいっぱいあるからだ！

わかった。君がどれほど努力しても地獄行きなら、私は地獄で君を待つ。けれどね、この世に生きている間にだって、極楽行きの切符は手に入るのだ。君の生き方一つで、極楽行きの切符は必ず手に入る。いいな！

君だけじゃない、極楽行きの切符を手に入れるためには、どんな生き方をすればいいのか、私たちみんなが考えねばならんのだ」

やがてJ君の顔がおだやかになったのを見て、彼は仏さまに近づいたと確信したのでした。

苦しみはいつまでも続かない

五年ほど前のこと。私は友人の弁護士Tさんから、こんな依頼を受けました。

「無銭飲食《むせんいんしょく》を繰り返していた青年の弁護を担当することになって、本人に会ってみたんだが、とても無銭飲食を繰り返すような人間には見えない。けれどもう十回目だ。今度は刑が重くなるかもしれない。

実は、彼は身体に障害を持っていてね、社会が受け入れない。つまり差別されているんだ。だから拘置所《こうちしょ》と世間との往復を繰り返している。もし今度、刑期を終えて出所するとき、身元引受人になって、彼に二度と無銭飲食はさせないと裁判長に誓ってくれる人がいれば、刑が軽くなるんじゃないかと考えてね。あなたに頼みたいんだ」

二週間後。私は、青年に面会した後、K市の地方裁判所の法廷《ほうてい》に立ち、裁判長に訴えました。

「私のお寺は小さなお寺ですが、A君一人をあずかることは十分にできます。裁判長、ご承知のように彼は三歳のとき、股関節脱臼《こかんせつだっきゅう》に見舞われました。困窮《こんきゅう》家庭だったため、十分な治療が受けられず、今も歩くとき身体が左右に大きく揺れるほどの障害が残っています。そんな彼を社会は受け入れませんでした。だからといって、無銭飲食をしていいというわけではありません。罪は罪としてつぐなうべきは当然です。しかし、そうせざるを得なかった彼の実情をおくみ取りくださって、格別のお取り計らいをお願いいたします。

裁判長、この法廷は、前途《ぜんと》ある青年を罪人にするためのものでしょうか。それともその青年に、大きなハンディキャップを乗り越え、今度こそ人生をやり直してほしいとの願いを伝えるためのものでしょうか。私は、彼が出所して参りましたときは喜んで迎え、彼の再出発にできるかぎりの協力をさせていただくことをお誓いいたします」

裁判長、検事、弁護人、そして数人の傍聴者《ぼうちょうしゃ》が見つめる中、私は法廷をあとにしたのです。

刑期を終えて、まっすぐお寺にやって来たA青年と私は長い時間をかけて話し合いました。

「A君、まさか自分の人生がこんな展開を見せるとは思ってもいなかっただろう。さあ、苦しみの過去は忘れよう。苦しみはいつまでも続かない。幸せな日が来るんだということを信じて生きていこうじゃないか。ほめられても、けなされても、心を動揺させることなく、耐えていくことも必要だ」

――今、中華料理店で働くA君の顔には、あの日の不安に満ちた表情は微塵《みじん》もありません。

○草取りを続ける元万引《まんびき》少年

境内《けいだい》で汗をふきながら一心に草を取るG君の姿をみつめながら私は、二年前の夏ことを思い出していました。

——G君は高校一年生のとき、万引を重ねて警察に補導され、そのあとお父さんに連れられてやってきたのです。お父さんが訴えました。

「父親として情けないのですが、私の手には負えません。『万引などしてはいけない』といえば『わかってる。二度としない』と答えるんです。でも、またする。どうしようもないんです……」

「わかりました。G君と二人だけで話し合いたいので、お父さんは席をはずしてください」

私はG君に問いかけました。

「G君、君がどんな理由をつけても、与えられていないものを盗むことは間違っているよ。それほどほしいものなら、お金を出してもらえばいい。お父さんだって、君に必要なものなら買ってくれるはずだ。万引とは人のものを盗むこと、つまりどろぼうだよね。改めて聞くけど、君、どろぼうになりたいの？」

G君がうつむいて答えます。

「どろぼうになんかなりたくない」

「だめだ。ちゃんと顔をあげて、まっすぐ私を見て答えなさい！　君はどろぼうになりたいのかね、なりたくないのかね！」

するとG君、顔をあげて大声で答えました。

「どろぼうなんかになりたくない！」

「よしわかった！　君の気持ちはわかった。でも、まだ信じられない」

「なぜですか！　ぼくはもう万引しません！」

「いやまだまだ。君がたしかに変わったという姿を見るまでは、信じられない！　いくら口でわかったといっても、態度や行いが変わらなければ、わかったことにはならない！」

「それをどうやって証明するんですか？」

「夏休みの期間中、このお寺に来て、草取りをしてもらう。草は取っても取っても生《は》えてくる。それを君は取り続ける。でもまた生える。また取る」

「ええーっ、草取りですか！」

「そうだ、草取りをしながら、君の心の中に居座《いすわ》っている万引への誘惑も刈り取るんだ。そうすれば君も変わることができる」

――あれから三年、むろん、万引行為はなく、まるで若き修行僧のように充実した日々を送っているG君です。

鬼が顔を出している若者とは、直接語りあうことが、仏の道へいざなう最良の方法と信じている私ですが、時には、彼らの身近な人との対話によって、その願いがかなえられることも度々です。

家庭は安心できる母港《ぼこう》です

A子さんの長男で高校三年生のS君が、オートバイを駆って家を飛び出してから一週間。疲れ果て憔悴《しょうすい》しきったA子さんが、涙ながらにポツリポツリと語ります。

「お酒を飲んで帰宅した主人が息子に怒鳴《どな》ったんです。

『なかなか成績が上がらんじゃないか！ お前ほんとうに大学に行く気があるのか！ 行く気がないのなら塾もやめてしまえ。金が無駄だからな』

次の日から、息子の態度がガラリと変わりました。髪を染めて学校には行かず、夜になるとオートバイでどこかへ出ていきます。そして先日、久々に早く帰宅した主人と大げんかになりました。

『おれはお前をこんな子に育てるために、今日まで苦労してきたわけじゃないぞ！』

『誰が頼んだ！　いつおやじにおれを育ててくれって頼んだ！　親の思いどおりに子どもが育つと思うなよ！　こんな家いたくねえや、おれは出ていくからな』

こうして息子が家を出ていって一週間になります。もう心配で心配で……」

私は涙をふくお母さんに話しかけました。

「お母さん、心を静かに整《ととの》えて考えてみてください。こんな歌があります。

十億の人に十億の母あれど
　わが母にまさる母あらめやも

きっと息子さんはすぐそこまで帰ってきているのです。なぜなら、帰ることのできる場所はこの歌にあるように、わが母のところしかないのです。S君は、母港をめざしている船と同じです。少しつっぱって荒海に出てみたけれど、自分の未熟さを知り、家族のいる港へ帰りたいのです。

お母さん、一つお願いがあります。あなたのご家庭を、S君という船が安心して錨《いかり》を降ろすことのできる港にしてあげてください」

「家庭を港にするって、どういうことなのですか?」

「息子さんを許すことです。世界中の人すべてが息子さんを許さないとしても、お母さんは無条件に許してあげてください。そして、S君にとって〝ボクが安心して帰ることのできる唯一の母港はここなんだ〟と信じることのできる家庭を作って頂きたいのです。

人生は長距離マラソン。たとえ受験に失敗しても、必ず取り返しはつきます。お母さん、あなたは息子さんにとって、かけがえのない母港です。心静かに待ちましょう。息子さんは必ず帰ってきます」

ご両親がS君を迎えたのは、間もなくのこと。この時からS君は仏さまをめざし日常生活を変えたのでした。

ある時、法話の中で「この体、鬼と仏が相住める」との一言をお伝えすると、こんな質問があったのです。

「鬼と仏の両方を持っていて、ちょうどよいのではないでしょうか? だって鬼がいるから仏さまがわかるのですから!」

私は小さくうなずきながらお答えしました。

「そうかもしれませんね。でも、一歩一歩鬼から遠ざかり、一歩一歩仏さまに近づく努力をすることだけは忘れないでくださいますように。

〝鬼も仏も相住めるこの体〟なのですが、めざすは鬼の心を仏の心に変化させる日常生活、それが修行なのです」

一度きりの人生。鬼ではなくいつも仏さまが同居してくださる「私」でありたいと願わずにはおられません。

5 生き方を見つめる課外授業から

中高生の感想文

近年、公立・私立を問わず、中学校・高校から課外授業の依頼が増えています。設定されるテーマの多くは「幸福な人生を生きるために」、または昨今、若者の自死《じし》が増加していることから「二度とない人生」など……。

友人たちから、「今の高校生に向かってどんな話をするの？」「茶髪《ちゃぱつ》の子がちゃんと聞いてるの？」と問われるたびに、

「君たち大人は、どこか若者をバカにしてない？　不信感を持ってない？　大人の、いや坊さんの話なんて聞かないと思ってるんじゃないの？」

とやり返しますが、体験を通して言えるのは、中学生も高校生も真剣に聞いていることに間違いありません。後でご紹介する感想文がそれを証明しています。

課外授業とは言え、仏さまの教えや仏教説話などを話すこと、つまり布教《ふきょう》・教化《きょうか》的な授業はいたしませんが、僧侶なのですから、授業内容の根底には仏教があり、表現は仏教的でなくても、仏教の教えに基づいた「生き方」説法であることは事実。

高校生には、次のようなレジュメを教材にして授業を進めています。

《今日が本番・今が本番・この一瞬が本番》

▼幸福量を高める五つの生き方▲

第一に「充実感」。これは日常生活は言うまでもなく、生涯全体の人生設計をしっかり立てて、それを実行していく。それによって充実感がもてるのです。

第二に「連帯感」。一人で生きていくことはできない。常に自分以外の人と生きていくという思い、具体的には誰かと共に行えるもの、たとえば仕事や趣味などを持つことによって生まれる、つながりや仲間意識です。それにより連帯感が生まれる。つまり、〝私は一人じゃない〟という思いです。

第三に「自己有用感《ゆうようかん》」。自分の存在が認められているという思い。これは前の連帯感が生まれれば難しいことではありません。誰かが私のことを有用だ、必要だと思ってくれている、他人のために役に立ったという自尊《じそん》感情、これがあるから私たちは生きていけるのです。

第四に「達成感」。どんな小さいことでも〝やりとげた〟〝やってよかった〟という結果を実感できることによって、前の三条件がさらに強くなるのです。

第五に「価値観」。〝自分はこう生きる〟〝このように生きて人生を充実させる〟との信念をもつことです。そのことが生き方を見つめ、〝正しい信条（哲学）〟を持ち、人生という海を不安なく航海するための羅針盤《らしんばん》を持つことになり、日々の生活を安定させるのです。

——授業の時間は約一時間。生徒も私も、気づいたら一時間半になっていることも、たびたび。みんなまっすぐに私を見て聴き、メモを取っています。

その結果が、後日送られてくる感想文。そのいくつかをご紹介しましょう。（※ご本人了解済のうえでの掲載です）

●生きるための道が開けた

冨田　美鈴

私は篠原さんの話を聞いて、最近悩んでいた対人関係についての考え方が変わり、勇気づけられました。

私の中で一番心に残っているのは、一人でいるのがいやなら、いろんな人と関われと言っていたことです。

私は、いつも友達と休み時間とか話していたんですが、孤独を感じることが多く、自分は友達に必要とされてないんだなと思っていました。

だが、篠原さんは「待っているだけではなく自分から動け、一人でいるのがいやならいろんな人と関われ」と言ってくれたのがすごくはげましの言葉になりました。

今は学校生活の人間関係で苦痛だと感じることが少なくなってきました。

一日一日リセットして前のことをひきずらないようにしていきたいと思えました。

幸福量を高めるには五つの条件を学び、充実感や連帯感、自己有用感、達成感、価値観などがあれば人間は幸せと思えるんだとわかったので、人間関係で不安になったら篠原さんの話していたことを思い出していこうと思います。

これからは自分のことでいっぱいいっぱいにならないように余裕が持てたり、まわりの人に気配りができるようにしていきたいです。

この時期に話を聞くことができ、今後生きていくなかで、自分の生き方について見直したり、考えたりすることができ、篠原さんのおかげで生きるための道がひらけたように感じました。

●一人で生きて行くことは不可能　川野　真優

私は篠原さんの話を聞くのが二回目でした。毎回どんな話をしてくれるんだろうと楽しみです。今回は「幸福量を高める五つの生き方」という題でお話してくださいました。第一から第五の中で、やはり第一があり第二があるように第五まであるんだなと思いました。

どれも為《ため》になることばかりでとても勉強になりました。被災地の人たちのことを避ける人がいると聞きました。放射能がうつるといったような思いを、一人でも思っているとは考えていなかったので、とても驚きました。そして、それと共に悲しくなりました。それは自分たちが被災者の立ち場や被災に遭《あ》っていないから、わからないのかもしれません。

一人で生きてゆくことは不可能であり、周りへの思いが強ければ強いほど、相手からも想われるのでないでしょうか。第五の価値観のように、人の意見に流されず、他の人の意見も尊重しつつ自分の意見も伝えていきたいです。私は篠原さんの話を聞いて、これからは、篠原さんと同じように、自分のことは二の次で周りの人などを幸せになるよう、少しずつですが考えていきたいです。

今日が本番であり、この一瞬が本番だと強く思いました。一瞬一瞬を大切にし、後悔しない人生を送りたいです。さっきの時間や昨日、そして過去には戻れません。なので、この瞬間が本番だと強く思いました。篠原さんの話は前回にも増し、心に響きました。この話は忘れることはありません。また、忘れてはいけない話だと思いました。これから先、困った時には話を思い出し、乗り越えていきたいです。

人生の料理人

実は、学校から「自死防止」のために「いのちの大切さ」について話して欲しいとの要望が少くありません。けれど、「自死」について具体的に話すことは困難です。なぜなら、すでに自死を考えている生徒が聞いていることも少なくないのです。
そこで、授業の後に「いのち」について各々が受けとめ、考え、生き方のヒントになるような教材を配布して授業を進めます。教材のタイトルは、「あなたも人生の料理人」。

《あなたも人生の料理人》

①たった一つのいのち
②世界でたった一つの名前
③たった一度きりの人生
④一瞬一瞬、すぎていく時間
⑤自分の人生、今のままでいいのか
⑥人から人間になるということ
⑦人間として生きるための三つの力＝「体力」「学力（知力）」「心力」
⑧あなたはどう生きるのですか
⑨「学ぶ」は、まねる。「習う」は、なれる

⑩生活環境が整わねば心が乱れる
⑪心が乱れると邪心がおこる・誘惑に負ける
⑫一日の乱れは一ヶ月の乱れ／一ヶ月の乱れは一年の乱れ／一年の乱れは一生の乱れとなる
⑬自分の人生の主人公は自分
⑭自分の光を放とう／自分の花を咲かそう／人と自分はちがう／くらべることはない！
⑮人生は各駅停車で行けばいい、特急に乗らない
⑯生きよう生きよう、力いっぱい生きよう
⑰「いのち」にやさしい人間になってください

――十七項目をさまざまな譬喩《ひゆ》や実話、体験談を通して語ります。時には泣ける話題も。

これについて、数日後届いた感想文には……。

命の重さ

佐瀬　美千香

住職さんの「命」に関する話を聞き、私は「命」の重さがどれだけの物か、改めて再確認しました。

私は中学校一年生の時に友達を交通事故で亡くしました。最初は父からの電話でその知らせを聞いた時、頭が真っ白になったのを今も覚えています。その後、大泣きしてひたすら「なんで」「どうして」とずっと連呼していました。

それから冷たくなった友達の手をにぎった時、悲しみと恐怖が同時に追ってきました。人は死ぬとまるで人形みたいになってしまう。魂が宿っていない人間の体はこんなにも冷たいのだ、と。

葬式に出て、家へ向かって走る車の中で私は「家族全員が生きているってこんなにも幸せなことなんだ」と思いました。今まで〝あたり前〟としてきたことが、すごくかけがえのないものと初めて気づきました。

でも、私はそれから周りにこう言われました。

「生きたくても生きられない人がいるんだよ」

そして、〝その人の分まで生きろ〟と。私も最初はそれが正しいのだと思い、生きてきました。

でも年々それが鎖のように自分をしばっていき、「その人たちのために生きなければならないの？」と思いました。苦しくて、そうやって思う自分が汚く思えて家族に相談したら、「亡くなった人たちを忘れなければいいんだよ」、「あとは自分のために生きなさい」と言われた瞬間、涙が止まりませんでした。確かに一日きりの自分の人生なんだから、自分のために生きる、でもその人たちのことは胸にちゃんと忘れずにしまっておこう、と思い生きています。

今の時代、良いことのほうが少ないと思います。でも物事は考え方しだいでプラスにもマイナスにも転がります。だからどんなに悲しいことが起きても、〝これから良いことが起こるまでの試練なんだ、だから頑張ろう〟と思います。

篠原さんから聞いた、命という少ない時間の中で、大切な人を守り、自分も大切にして人生を歩んでいきたいと思います。

●運命は変わる・変えることができる　林　菜奈

私は最近悲しいことがありました。悩んでる自分に悩んで、どうしたらいいか分からなくて、死ねたらどんなに楽なんだろうって何回も思いました。そんな時に助けてくれた友達がいました。その子は私より悲しいことがあったのに、一緒になって悩んでくれました。住職さんが「大切と思える友達を思い浮かべてみなさい」と言った時、真っ先にその友達が思い浮かびました。大切にしなきゃいけない存在なんだって改めて思いました。

住職さんの話を聞いて印象に残っている言葉があります。「運命は変わる・変えることができる」この言葉を聞いてすごく救われたような気がします。「今が辛くてもどんどんいいほうへ変わってくる」「いつか生きてて良かったって思える時まで頑張ろう」と決心しました。

私は恵まれた環境にいるのが普通だと思っていたけど、日本にも世界にも勉強したくても出来ない人がたくさんいることにすごくビックリしました。小さい時から勉強が嫌いでやろうと思ったことはなかったけど、少しでも勉強してみようと思いました。今はまだ夢とかやりたいことがなにもないけど、いつか見つかった時に叶えられるように、頑張ろうと思います。

住職さんの話、聞けて良かったです。体に気をつけてこれからも頑張ってください。

――体育館で、三百人から千人の生徒を対象とした課外授業ですから、「対機説法《たいきせっぽう》」とは言えません。けれど生徒一人一人が「わが事《こと》」として受けとめ、各々《おのおの》、おいしい人生料理を作るヒントにしてくれるにちがいないと信じて、今日も中学校・高校へと向います。

待っているのはみ仏の子どもたち。

第四章

ほとけの心を生きる

1

仏教国カンボジアの人々から学んだ「利《り》他《た》行《ぎょう》」

○小さな鏡とニワトリの玉子を五つ、買って来て下さいませんか……

一九八〇年代の頃のことです。タイ国境線沿《ぞ》いに、内戦から逃《のが》れてきたカンボジア難民を救援する難民キャンプが、次々と出来ました。人々は着《き》の身着《みき》のまま……。多くの大人たち、とりわけ男性がポル・ポト派によって虐殺《ぎゃくさつ》されたため、キャンプの中は女性と子どもたちばかりです。

早くから難民キャンプに入ってボランティア活動を続けた若者たちの中に、日本の若いお坊さんたちがおいでになり、私も仲間に入れていただいたのです。毎日、教育支援のプログラムを実《じっ》施《し》しながら、難民生活を送る人々と語り合うことも活動の一つでした。

その一人、Nさんは、夫を虐殺された悲しみに耐えながら、両親を失った五人の少女の母親代わりになって育てていました。それぞれ五歳、七歳、十歳、十二歳、十三歳の女の子たちの黒い瞳は、未《いま》だ消えない恐怖から、いつもしずんでいます。

私はこの〝家族〟と仲良しになり、毎日のように竹で作られた粗末な家を訪ね、お世話をしたのでした。時には夕暮れになり、門限を過ぎてしまって、キャンプを管理しているタイの軍人から、

「早くキャンプを出ろ！」

と、銃でおどされたことも……。

ある日、私はNさんに告《つ》げました。

「私は間もなく日本に帰ります。Nさん、どうか元気で生き抜いて、いつの日かあの子たちを連れて、祖国《そこく》カンボジアに帰ってください！」

するとNさんが、両手を合わせて私に訴えたのです。

「お願いがあります。小さな鏡とニワトリの玉子五つ、買って来てくださいませんか……。お願いします！」

「えっ？　小さな鏡とニワトリの玉子五つですか……？」

なぜ、小さな鏡と玉子五つなんだろうと思いながらも、私は、鉄条網《てつじょうもう》が張りめぐらされた難

民キャンプを出て、村の小さな雑貨店《ざっかてん》へ急ぎました。

「Nさん、ありましたよ。玉子五つに、そしてこんなのしかなかったけれど、鏡です！」

なぜ、玉子五つと小さな鏡なのか……。この謎は、すぐに解《と》けたのです。Nさんは、五人の少女たちを水がめのそばに集めて、言いました。

「ちょっと早いけれど、水浴《みずあ》びをしましょう。さあ、並んで、並んで」

ザーッ、ザーッ、ザーッ、ザーッ。Nさんは手桶《ておけ》で水をくみ、ホコリにまみれた少女一人一人の頭をていねいに洗い、ボロボロになったタオルでふくと、小さなクシで少女たちの髪をとかしています。やがてNさんは鏡を手に持つと、少女に一人一人語りかけました。

「ほら、これがあなたの顔よ。あなたのお母さんの顔を思い出さない？　みんな美しい顔をしているわ。きっときっと美しい娘になるわよ……」

私は思いもしませんでした。自分の顔を鏡で見たことがない子どもがいるなんて……。鏡に映った自分の顔を見た少女がニッコリとほほえみます。難民キャンプに入った私がはじめて見る、心からの笑顔でした。

「そうそう、笑ってごらん！　あら、なんて美しい顔でしょう。みんなきっとカンボジアで評判の美人になるわよ！」

少女たちに笑顔が戻ったのは、この時から……。

夕暮れ、小さくて粗末《そまつ》なナベで、五つの玉子がゆであがりました。Nさんが私の耳元でささやきます。

「――この子たち、まだ玉子を食べたことがないんです。栄養不足で体が弱っています。玉子一つで体力が回復するとは思えませんが、あなたがお国へ帰ってしまうとお願いする人がいませんから、ご無理を申し上げました。申しわけありません。高価なものをありがとうございました」

「なんでもないことですよ！」

と答えた私は、ハッと気がついて声をあげました。

「あれっ、玉子が一個たりない。Nさんを入れると六個なければ……」

「私はいいのです。ほかの人も食べられないものを私だけいただいては申しわけありませんもの。ただ子どもたちだけには……」

Nさんの眼から、大粒《おおつぶ》の涙が一つ二つ……。

一ヵ月後。私には日本でお盆《ぼん》の行事が待っていましたから、惜別《せきべつ》の痛みを抱いたまま帰国しましたが、「小さな鏡と五つの玉子」のことは、今でも忘れることはありません。

ご承知のように、カンボジアは立ち上がりました。

できることならいつか、Nさんやあの少女たちに会いたいと願っています。Nさんの慈愛《じあい》によって育てられた少女たちは、美しい女性になっている、いえ、やさしいお母さんになっているに違いありません。

お借りしたこのお金で、必ず学校に行きます……

カンボジアの首都プノンペンの町へ行くと、両親や兄弟を亡くした子どもたちが、グループをつくって歩いています。〝ストリート・チルドレン〟――日本で言えば、〝戦災孤児《せんさいこじ》〟ということになりましょう。

ある日のこと、二人の女の子が近づいてきました。姿からストリート・チルドレンであることがわかります。

「おじさん、私たち、たとえ一日でも学校へ行きたいのです。ほんの少し月謝《げっしゃ》を出していただけませんか……?」

いちばん年上と思われる女の子が、上手な英語で語りかけてきました。学校へ行きたいというのは本当でしょう。すぐに十ドルを出して渡そうとしたのです。すると女の子が言いました。

「こんなにたくさんのお金はいただけません。それに十ドル札《さつ》や五ドル札では、みんなで分けることができないのです。お願いです。一ドル札でください。そして、おじさんの名前と住所を教えてください。きっとお返しします。一生懸命勉強して、よい仕事の出来る大人になってお返しします」

なんとけなげな女の子たちなのだ、と思いました。

言われる通りに一ドル札を一枚ずつ手渡すと、三人はまるで仏さまを拝むかのように合掌《がっしょう》をして、お礼を言いました。

「ありがとうございます。今日のこと、忘れません。おじさん、私たちを信じてください。お借りしたこのお金で、必ず学校に行きます」

私は女の子の手に日本の住所と名前を書いたメモを渡して、言いました。

「待ってるよ！　信じて待っているとも！　君たちが立派な大人になって一ドルを持って日本に来てくれる日を、いつまでも待ってるからね！」

この話を友人にしたら、

「いやあ、ストリート・チルドレンだもの、学校なんか行くもんか。その日暮らしで使っちまってるよ」

と笑われましたが、私は信じています。あの子たちは、心から学校に行きたいと望んでいる。そして、教育を受け、カンボジア国家再建《さいけん》のための、優秀な人材となるに違いないと……。

◯死ぬときは手ぶらで死ぬな。せめて樹を一本植えてから死ね

世界遺産で有名なアンコールワットから、遠く離れた村のお寺を訪ねたときのことです。

カンボジアは仏教国ですから、どこの村にもお寺があって、黄色い衣《ころも》を身にまとったお坊さまがお釈迦さまの教えを説き、村づくりを指導し、村人の生きる支えになっています。

そのお寺に、〝米銀行《こめぎんこう》〟というものが設《もう》けられていました。お坊さまの発案《はつあん》でつくられたものです。

村人たちは収穫《しゅうかく》を終えると、お寺にお米を持って集まります。持ってくるお米は二種類。一つは、来年お米を作るための籾種《もみだね》です。もう一つは、いつでも食べることのできるよう精米《せいまい》された白いお米です。

これらをお寺の倉庫に保存して、困った時には、いつでもだれでも自由に利用ができるという、温かい心のこもった〝米銀行〟です。村の人々は、心からお坊さまを信頼して預《あず》けているのです。

ある日、お坊さまと村人たちの会話を聞いていて、心から感動したことがありました。村人の

Aさんがお坊さまに問いかけます。

「わしらはやっぱり死ぬんでしょうか?」

すぐさまお坊さまが答えました。

「Aさん、太陽は朝、東から出て西に沈むのですね。朝、一日が始まるから、夜、終わりがあるのですね。あなたの〝始まり〟はいつですか?」

「えぇっと、この世に生まれた時です」

「そうですね。生まれた時が始まりならば、必ず終わりがありますね。始まりがなければ終わりはないけれど、始まりがあるから終わりがある。つまり、Aさん、生まれたのだから死ぬのですよ」

「始まりがあるから終わりがある。生まれたから死ぬ……。よーくわかりました。なんだかすっきりとしました」

Bさんが問いかけました。

「死ぬことがわかったら、何をしておかねばなりませんか?」

「手ぶらで死んではいけません。せめてこの村に、樹を一本植えてから死になさい。お世話になったこの村に、この大地に、せめてもの恩返しと思って、樹を一本植えてから死になさい……」

お坊さまの言葉に深くうなずく村の人々を見て、お釈迦さまご存命の頃の、説法を聞いている人々の姿を想像したことでした。

正にカンボジアの人々は、生きているうちに仏さまの教えを学び、生きているうちにその教えを生活に、人生に、活《い》かしている姿を見せていただいたのです。

難民キャンプのNさんも、街頭で出会った三人の少女も、自分のことより他の人のことを優先する心の持ち主。つまり、「利他行《りたぎょう》」の教えを実行している人々です。

私は、この人々の慈愛の心はどこで育まれたのであろうかと問い続けていましたが、お坊さまの説法をお聞きして、その疑問が解けました。日常に語られるお坊さまの説法が、カンボジアの人々を〝仏さまの教えに生きる人〟に育ててあげているのです。

今も私は、利他行の尊さを教えてくださったカンボジアの人々の姿を思いうかべると、手を合わさずにはおられません。

2

やさしい人ってたくさんいるんですね

ある女子高生からの問い

高校生対象の講演を終えると、生徒さんたちの真剣な眼差しが頭からはなれなくて、一人になりたくなるのです。先日も千葉県立N高校で、静かなグランドの片隅《かたすみ》のベンチに腰をかけて、心《ここ》地好《ちよ》い初秋《しょしゅう》の風を楽しんでいました。

すると一人の女子高生が足早に近づいてきて、語りかけてきたのです。

「住職さん、少し話してもいいですか？　住職さんの話、すごーく熱かったですね。どうしてあんなに熱くなるんですか？」

人なつっこい笑顔が輝いています。なんだかうれしくなって答えました。

「講演の中で伝えたけれど、もう七十歳の年齢だものね。若いあなた方にこれもあれも伝えておきたい、お願いしたい、と考えながら話すと、熱くなっちゃうんだよ！　まあ、まだ若い証拠とも言えるけどね、アッハハー」

彼女が続けます。

「一番印象に残った言葉が〃あなたの命はだれの命〃というところでした。私、以前大きな病気をして入院していた時、つらくて、悲しくて、自分がもはや〃物〃としか思えなくなり、死にたいと思ったことがありました。

ある日、思い切って父に打ち明けると、初めて自分の前で涙を見せて〃お前は俺の分身なんだ。頼むから生きてくれ〃と言ってくれたんです。この時から私、すごい勢いで回復していきました。自分一人の命でないことを理解し、自分を必要としてくれる人を見つけたからだと思います。

私、自分がもっと他人に必要とされるような人間になりたいんです。住職さんはあちこち歩いていて、誰も気がつかないところでそっと、やさしくしている人に会ってますか？　そんな人のこと話してほしかったです」

彼女の言葉にさそわれて告げました。

「少し時間があるから、話そうか？」

そして、次のような実話を語ったのです。文章にしてお届けします。

かくし味は「ナマスティ」

東京下町の小さなカレー屋さんに、お客さんからとても人気のあるウェイターさんがいます。

このウェイターさんは、お客さんがお店に入ってくると、胸の前で手を合わせ、

「ナマスティ。ようこそいらっしゃいました」

と笑顔で迎えます。彼の名はクリシュナ・パハオル・ターバさん。ネパール出身、三十二歳の青年です。常連客には「ターバさん」と呼ばれて親しまれています。

ある時、はじめて店を訪れたお客さんが彼に問いかけました。

「あなたの出迎えはとても気持ちよかった。その〝ナマスティ〟ということばには、どんな意味があるのですか？」

来日して十年になるターバさんが流暢《りゅうちょう》な日本語で答えます。

「簡単に言えば〝こんにちは〟という意味のヒンドゥー語ですね。

このことばはインド人もネパール人も使います。でも、ナマスティにはもっと深い意味が

あります。それは〝あなたの心と私の心が一つになりますように〟ということです。

このお店に来てくださるみなさんの心と、カレーをお出しする私の心が一つにならなければ、ほんとうに満足していただくことはできません。ですから、私は、お客さまと、料理する人と、おもてなしをする私の心が、一つになって、カレーを召し上がっていただくひときが、楽しく平和であってほしいとの願いをこめて〝ナマスティ〟とお迎えするのです」

カレーを心ゆくまで堪能《たんのう》したお客さんが、ターバさんに告げました。

「ひさびさにおいしいカレーをいただきました。これほどおいしいカレーの秘密は料理人の腕もさることながら、あなたが入れておいてくださった〝ナマスティ〟というかくし味のせいにちがいありません。ほんとうにありがとう……」

ターバさんが答えます。

「ありがとうございます。私はヒンドゥー教徒ですが、お釈迦さまも大好きです。宗教はちがっても、手を合わせれば心は一つになります。世界中の人々がそれぞれの政治体制や思想や宗教や文化を認め合って、争わず、お互いに手を合わせ、心が一つになれば戦争は起こりません。

ナマスティ。またおいでください」

ターバさんの心のかくし味が入ったカレーを食べたいとやってきたお客さんで、今日もお店は大繁盛《だいはんじょう》です。

小さな平和運動

沖縄・北谷《ちゃたん》町にある居酒屋割烹《かっぽう》〈Y〉は、米軍嘉手納《かでな》基地が近いこともあって、毎晩多くの外国人客でにぎわっています。

さて、この店にはじめてやってきた人の誰もがおどろくことが一つあるのです。それは、店内に入ると、お客さんのはき物すべてがきちんとそろって並べられていることです。

思わず〝なんて行儀のいい客ばかりなんだろう〟と、感心せずにはおられません。

店内は座敷《ざしき》になっていますから、お客さんははき物を脱いでテーブルにつくことになります。ところが座敷に上がるときが大さわぎ。さまざまなはき物が脱ぎ捨てられて、山のような状態になるのです。

そこでお客さんが座敷に上がるやいなや、店のスタッフがはき物の周囲に集まって、一つ一つていねいに並べていきます。みごとな並べ方です。子ども連れのお客さんもいますから、大きな靴《くつ》の間にかわいらしい靴がいっしょに並んでいる様子を見ると、スタッフの心づかいがわかります。

こんなサービスを始めたわけを、オーナーのEさんに教えていただきました。

「この店には、世界中の人々がおいでになります。当然、習慣もちがいますから、はき物のあつかい方も百人百様《よう》、はっきり言ってバラバラです。見た目もよくありませんし、自分の靴がどこにあるか探さねばならない。だから帰るときに混乱して靴をはくのに時間がかかるのです。

そこで、私たちがそろえれば、みなさん気持ちがいいにちがいないと思って始めたのです。すばらしいサービスだと喜ばれました。日本式の脱ぎ方・そろえ方に、みなさんすっかり慣れて、今ではご自分でそろえてくださる外国の方もいます」

少し間をおいてNさんが訴えました。

「国も人種もちがう人々のはき物が、きれいにそろっている様子を見るたびに思います。なぜ人間は戦うのだろうかって……。この店では国のちがう人たちがけんかしたことはありません。みんな仲よしになって平和な時間を過ごしておいでです。はき物がきれいに並んでいる様子を見て、気持ちが悪くなる人はいません。きっと、〝このはき物のように仲よくできたらいいのになあ〟と思う人が、たくさんいらっしゃるにちがいないと信じています。

きれいにそろって並んでいるはき物のように、世界中の人の心もそろうことを願って続けていきます」

Nさんの行いは、小さな平和運動と言っても過言ではありません。〝はき物をそろえる〟という行為は、対立を調和に変える行いにほかならないからです。

タイ・バンサワイ村の人々に学ぶ

タイの首都バンコクから東北へ約五百キロ行ったところに、バンサワイという貧しい村があります。この村には村役場も村の予算もありません。なぜなら、村に税金を納めることのできる人が一人もいないからです。けれど、バンサワイ村の人々はどれほど貧しくても、お互いに助け合うことによって、みごとに共生をしています。

タイは雨期が終わると雨が降りません。だから、至るところにため池が掘ってあります。そのため池の周辺は農作業に適した一番いい土地となり、村の共有地。そこで、村の長老たちが一年に一度集まり、村の中で今、生活に一番困っているのはだれかという相談をするのです。

長老の一人が、

「Kさんは夫がこの間亡くなって子供二人かかえて困っているよ」

と訴えます。すると、

「それでは水辺の土地を与えよう」

ということが決まる。これは困っている人から順番に農地を決めて、つまり、住人同士、最低限の保障を相互扶助《そうごふじょ》で行っていると言えましょう。

また、その村では女性が手仕事としてタイシルクや紬《つむぎ》を織っていて、外国人が行くと、売りに来るのです。買う方は出来の良い品を選んで買っているつもりなんですが、どういう戦略を使うのか、村の中で一番貧しい女性の織った物が、全部売り切れるようになっている。しかもそのことに誰も不満を言わない。実に健康な社会だと思わずにはおられません。

タイは仏教国で、国民のほとんどが敬虔《けいけん》な仏教徒です。もちろんこの村の人々も仏教徒です。そして物でも心でも喜んで与えるという仏さまの教えを、しっかりと日常生活の中で実践し、生かしているのです。村の人々は物質においては貧しくても、心はとても豊かで幸福度満点。

一方、現在の日本は物があふれ、生活はこの上なく豊かで便利になっているにもかかわらず、孤独死、自死、そして少年犯罪の増加に象徴されるように、孤立し、心が病んでいる人がふえています。これは、物質的な豊かさが必ずしも心の豊かさにつながらないことを証明していると思えてなりません。もちろん物質的に豊かなことが一概《いちがい》に悪いこととは言えない。大切なのは、物と心のバランスをうまくとることです。その意味で私たち日本人は、バンサワイ村の人々から学ばねばならないことが、たくさんありはしないでしょうか。

――語り終えて彼女に目を向けると、輝く瞳から大粒《おおつぶ》の涙が落ちています。私はおどろいて問いかけました。

「あれ、泣いてるの？　泣かせるような話したかなあ……」

彼女が両手で涙をぬぐいながら答えました。

「やさしい人って、たくさんいるんですね。誰に知られなくても、ふつうのことのように人にやさしくできる人ってステキですね。お坊さんたちは、そんな人のことを〝仏さま〟って呼んでいるんでしょう。いつか本で読んだことがあります。住職さん、今日のこと、生涯忘れません。ここで私一人に講演してくださってありがとうございました。さようなら！」

彼女は何度も振り向き、手を振って校門を出て行きました。

私は彼女が告げた〝仏さま〟のひとことが、とてもうれしくて、チャイムが鳴るまで、グランドのベンチに座っていたのでした。

3

美しく逞《たくま》しく老いる人々に学ぶ

九月下旬から、イギリスのコッツウォルズ地方を訪れる機会を得て、数日間滞在いたしました。

すべてが、静かに、美しく、ゆったりと……。彼《か》の地を表現することばが見つかりません。強《し》いて言うなら、「とてつもなく高い幸福度で生きる人々の村」でしょうか……。

美しい老いを迎えたご夫婦と、花園のような庭で時を忘れて談笑《だんしょう》する。心底〝ご夫婦のような老いを迎えたい〟と強く思ったことでした。

帰国して数日後のこと。ＮＨＫが特別番組「漂流老人《ひょうりゅう》」を放映。私はコッツウォルズのお年寄りと日本のお年寄りの、あまりにも異なる〝老い方〟に衝撃を受け、眠れぬままに、今も忘れることのできないお年寄りのことを思い出していました。

人生を美しく逞しく生き抜く智慧《ちえ》を教えてくださった方々です。ご紹介しましょう。

○新宿の〝チャンピオン仏《ほとけ》〟

午前一時、東京・新宿の華やかなネオン街からかなり離れた路地にある、小さなやきとり店〈チャンピオン〉の明かりを消すと、店主のNさん（六十五歳）は両手に大きな手さげ袋を持って店を出ます。

手さげ袋の中は、今日、店で売れ残った食材で作った弁当十三人分。行き先は一般的にホームレスと呼ばれる路上生活者の寝場所です。とりわけビルの谷間でひっそりと路上生活を送っている、六十五歳から八十歳ぐらいまでのお年寄りを訪ね、「元気？」「病気じゃない？」と声をかけます。

自転車を使って深夜の町をまわることおよそ二時間、三坪《つぼ》ばかりの店の二階に住んでいるNさんが、眠りにつくのは午前三時を過ぎてしまいます。このボランティア活動を始めて二十年の月日がたちました。Nさんが語ります。

「中学校を卒業して東京に出ました。銀座の有名なレストラン〈M会館〉に就職しましたが、毎日毎日、掃除と皿洗いです。コック修行十年、やっと包丁を持たせてもらえるようになったころ、何しろ有名になりたいと思っていましたからボクシングを始めました。ジムのコーチに恵まれて全国ライト級チャンピオンになった時、私は『次は世界チャンピオンだ』と大声をあげて泣きました。でもその夢は、かなわなかったのです。練習生のころも、試合前の減量の時も腹が減っていました。ホームレスの人たちの腹を少しでも満たしてあげることができればと、毎晩、町をまわっています。みんな孤独です……。故郷へも帰れません。ですから死んでも行き場のない人がいます。もしそんな人がいたら住職さん、引き受けてくださいますか？」

私は大きくうなずいて告げました。

「いつでもどうぞ！　しかし、よく続けているものだ。Nさんは仏さんだなあ。たしか路上生活の人たちは、ひそかにあなたのことを〝チャンピオン仏〟って呼んでいるって聞いたよ。Nさんの行いはまさに施食《せじき》の行《ぎょう》だよ」

Nさんが首を横に振りながら答えます。

「とんでもありません。実はホームレスにとって一番つらいのは冬なんです。せめて風呂に入れてあげたいと思っています。住職さん、ボクシングでは負けてしまいましたが、私は死ぬまで現役として戦います」

私はNさんの手を握って告《つ》げました。

「チャンピオン仏さん、頼みますよ……」

○タクシー運転手Kさんの種まき

タクシーの運転手を三十年続けていたKさんが報告してくれました。

「おかげさまで事故一つ起こさずに、めでたく定年を迎えさせていただきました。ご住職、このお数珠《じゅず》、覚えていらっしゃいますか？　タクシーを運転していて、イライラした時にはこのお数珠をギュッと握って心を落ち着けるようにと、ご住職がくださったお数珠です。見てください。まっ黒ですよ。つまり、数えきれないほどたびたびこのお数珠を握りしめたというわけです。おかげで無事故の三十年でした」

私は数珠を手にとって問いかけました。

「三十年でいったい何人くらいのお客さんを乗せたことになりますか？」

「ざっと、二十万人です」

「多くのお客さんの中で、Kさんの心に残っている人は？」

「ドアを閉めても、いつまでも行先を言わない男性がいました。

『お客さん、行先を言ってくれなきゃ、走りようがないんですが』

するとボソッとひと言、

『海が見られたらどこでもいいんです……』

私、あっ、この人死ぬ気だな……ってピンときましてね。私のよく知っている湘南《しょうなん》海岸をめざしました。

運転しながら、話しかけたんです。

『お客さん、私、会社をつぶしましてね、何もかもなくなっちゃって、死のうとしたんです。でも家族のことを考えたら無責任なような気がしてね。死ぬのはいつでも死ねる。もう少し生きてみようと思い直してタクシードライバーになっちゃった。

私は、他人さまが喜んでくださるようなよい種まきを精いっぱいしておこうと思っています。会社へ帰ったらまず、ドライバーたちが使う風呂と便所を掃除します。入社したころ、汚れていてねえ。汚れているから、ますますきたなくなるってわかりました。今は誰も汚しません。これも私のよい種まきの一つです』

こんなことを一方的に話していたら、お客さんが泣きだしちゃいましてね、

『ありがとうございました。私、死にません、これから家へ帰ります。Uターンしてください』

って。彼とは今、飲み友達です。

ご住職、定年後は、全国の公園や駅のトイレ掃除をして生きていきたいと思い、今準備しています。一日一トイレが目標です！」

Kさんの顔が輝いています。

仕事はいつでも未完成だよ！

寺院や神社などを建築する大工さんのことを宮大工《みやだいく》と呼びますが、今年四十歳のEさんもその一人。中学校を卒業してすぐ棟梁《とうりょう》のSさんのもとに弟子入りしたので、すでに二十五年も宮大工修行を続けています。

ある日、Eさんが仕事場に座ってぼんやりと遠くをながめているので、棟梁のSさんが声をかけました。

「おいっ！　どうした。ぼんやりと気の抜けた顔して。おめえ、明日故郷《くに》へ帰るんだろう。みやげもん用意したのかい？」

棟梁のことばが終わっても、Eさんは無言です。

「おい、聞いてんのかい？」

棟梁の大声にやっとEさんが口を開きました。

「棟梁、おれ故郷に帰るのいやなんです。知ってのとおり、おれは男ばかりの八人兄弟だ。おれ以外の兄貴や弟はそれぞれの道で成功してるんです。ところがこのおれときたら、二十五年もお世話になりながら満足な仕事一つできゃしねえ。さっきから考えていたんですよ。おれっていつになったら〝これで完成だ〟ってほめてもらえる仕事ができるんだろうって……。おれの人生は一生未完成で終わっちまうんだろうな。こんなおれが故郷に帰って、兄貴や弟たちと気持ちよく酒が飲めますか？」

「ばかやろう！　てめえ、いい歳して何をふぬけたことぬかしやがる！　完成なんてものは、いつまでたってもありゃしねえ。いつだって未完成なんだ。もし完成だなんて思ってるやつがいたとしたら、そいつはどうしようもねえ思い上がりだ！　いいか、八十五歳になったおれの仕事もいつも未完成なんだ。未完成だと思えばこそ修行をさせていただけるのだ。数知れぬほど多くの人たちが、おまいりに来て手を合わせてくださるお寺さんやお宮さんを作らせていただくおれたちには、毎日毎日が修行なんだ」

仕事に出ていこうとする棟梁が、Kさんの前に一枚の紙を広げて言いました。

「おい、これ持って帰って、兄弟に見せて言ってやんな。『これは今度、おれが棟梁の代理で建てるお寺の設計図だ』、そして『このお寺は総檜《ひのき》づくりで数百年は十分にこの世に残るんだ』って、大いばりで言ってやんな。さあ、持っていけ！」

棟梁が去ったあと、Kさんの目から大粒の涙が落ちていました。

人間は頭でわかっていても実行は難しいぞ！

今年満九十四歳におなりのTご老僧、杖《つえ》をお使いですが、どこへでも一人でおでかけになります。とてもご高齢には見えません。

さすが少々耳がご不自由なご様子。ある時おそるおそる問いかけました。

「ご老僧、そろそろ補聴器をおつけになってはいかがでしょうか。よろしければ、私がプレゼントさせていただきますが？……」

するとご老僧、大きな声で私を一喝《いっかつ》！

「何をいうか、補聴器だと！　そんな年寄りじみたものつけられるか！」

Tご老僧、なかなかのユーモア和尚さんとしても知られています。ある時、会議のあとに、お一人でお帰りになるというので、駅までタクシーでお送りすることにしたのです。

タクシーに乗ると、運転手さんが問いかけました。

「どちらへ？」

するとご老僧がひと言。

「あの世へ！」

ところが運転手さんもなかなかです。

「わかりました！」

と答えたのです。タクシーの中で三人が大笑い！

運転手さんが問いかけました。

「お坊さん、九十四歳までそれほど元気に生きられる秘訣《ひけつ》はなんですか！」

「秘訣？　そんなものはないけどなあ、言うなら、心が乱れるやましい生き方をしないことだな。やましいことをすると心が乱れる。心が乱れると邪心《じゃしん》が生まれる。邪心を持つと誘惑に負けるのだよ。心というものはな、一日乱れると一ヵ月乱れるぞ。一ヵ月乱れると一年乱れるぞ。一年の乱れは一生の乱れとなる……。心が乱れるようなことはするなよ！

ところが、頭でわかっておってもなかなか実行できないのが人間なのじゃ。

こんな話がある。中国の唐《とう》時代の役人であり詩人でもあった白楽天《はくらくてん》が、道林《どうりん》という坊さんに問答をしかけた……。

『おーい道林さん、仏の教えとはどういうことかね?』

『仏の教えとはなあ、悪いことはするな、よいことはすすんで行え、ということじゃ……』

『なあーんだ、そんなことか! そんなことなら三歳の子どもでもわかっているぞ』

『その通り! だがなあ、三歳の子どもがわかっていることを、八十歳の老人ができんのじゃ。お前さんやってるかい……』

白楽天は道林さんのひと言で目がさめて、以後師とあおいだとのことじゃ。

まったく、頭でわかっていても実行するのは難しい! とにかく心が乱れるような、やましいことをせぬことが長生きの秘訣じゃ!」

思いもかけぬ説法に感激した運転手さん、駅を通り過ぎてご老僧のお寺まで送ってくれました。

——私は若き日に、曹洞宗大本山永平寺元貫首《そうとうしゅうだいほんざんえいへいじもとかんしゅ》、故宮崎奕保禅師《みやざきえきほぜんじ》さま(当時監院《かんにん》)と一週間ほど同宿させて頂いたことがありました。

若気のいたりで、今思っても冷汗《ひやあせ》が出るような質問をしたのです。

「人間、良い死に方ってあるのでしょうか?」

瞬時に答えてくださって、

「良い死に方をしたいのなら、良い生き方をすることだ！」

老いの後にやってくる死。その死は、看取《みと》る人も看取られる人も、幸福度の高いものであり美しいものであって欲しいと願わずにはおられません。

「漂流老人」と呼ばれるお年寄りは、言うまでもなく、ご自分で望んで、そうなられたわけでは絶対になく、自己責任ではない。高齢者社会がやってくることに対応する数々の手を打たなかった私たちの連帯責任であると私は考えています。

4

土を耕《たがや》し心を耕す人々

〝おかげさま〟の心

千葉県北総《ほくそう》に、〈おかげさま農場〉という名の農業グループがあります。このグループのメンバーは、農薬を使わずに栽培した野菜を、直接消費者に届けようと決めて奮闘している農家数十軒。それも一農家一種栽培主義。

農薬を使わないということは、害虫との戦い、天候との戦い、そして経済効率との戦いにほかなりません。

農薬を使えばもっとたくさんの野菜が収穫できて、より多くの消費者に届けることができ、収入も安定します。けれど、メンバーは頑固《がんこ》に無農薬野菜づくりを続けているのです。

あるとき、リーダーの高柳さんにたずねました。

「なぜ〈おかげさま農場〉なのですか?」

高柳さんの答えは……

「なぜ〈おかげさま農場〉かというと、ご先祖さまが大切に大切に耕して残してくれたこの土地をいただいたからこそ、私たちの農業が成り立ったのです。ご先祖さまのおかげなんです。だから私たちのグループはみんな、毎朝お仏壇におまいりして、ご先祖さまに手を合わせてから畑へ出ます。

また、私たち人間は、人間以外の動物や植物の生命《いのち》をいただいて生きているわけです。私の生命を養うことができるのは、人間以外の動物や植物のおかげなんです。トマトのおかげ、キュウリのおかげ、キャベツのおかげです。

このご先祖さまのおかげさま、動物や植物のおかげさまということを忘れないで農業をつづけていこうと決めたのが、〈おかげさま農場〉です」

つづけて問いかけました。

「なぜこれほどまでに、頑固に無農薬野菜にこだわるのですか?」

「農業は、人間の生命を養う食物をつくる仕事です。生命を育て養うためになくてはならない食べ物を農業が、生命をおびやかし、生命を病気にさせ、生命を殺すことにつながるのであれば、それはもう農業じゃないと思います。

おれたち農家は、人間の生命を養い守る責任があるのですよ。ご先祖さまから農業という職業をいただいた以上、当然の責任です。

消費者が〝もっと形のいい野菜はできないのか〟なんて言ってきますが、〝野菜づくりはプラスチック製品を量産するように、同じものはできねえんだ。もし、そんな野菜ができたら人間の生命はおしまいだよ！〟って、つい怒鳴《どな》っちゃうんですよ。アッハッハッ」

高柳さんの話を聞きながら、「〈おかげさま農場〉の人たちは、土を耕すとともに、人の心をも耕しているんだな、それはとても仏教的な生き方だな」と思ったことでした。

先日、高柳さんからお便りをいただきました。相変《あいか》わらず〝骨っぽい〟指摘です。

「私たちは〝食が命〟を標榜《ひょうぼう》して早二十八年目になります。この間《かん》、日本の自給率は一段と下がり今の日本人はその七割を外国産でまかなっています。

日本食が〝世界遺産〟となった時には、〝日本食が消えかかっている〟という現実を見ると、どこかがおかしい、と思ったのです。穀物《こくもつ》野菜、そして魚類といった食べ物を五千万トンも輸入し、年間千八百万トンも食べ残しているという現実も、世界の飢餓《きが》から見ると異常としか思えません。

そして日本の医療費は毎年一兆円ずつ増加して、昨年は三十八兆円を超したという現実は何を物語るのでしょうか。食が、WTO（世界貿易機関）から始まりTPP（環太平洋戦略的経済連携協定）へと進むことは、食がより見えなくなる道を歩んでいるということです。

〝食は命〟を標榜してきたわけは、私たちの体は〝身土不二《しんどふに》〟であり、日本人として日本の国土の豊かさを享受《きょうじゅ》し、そしてより自然な食べ物をいただいて命を生きる、ということの大切さを想うからです。

顧《かえり》みると日本人の食は、ここ五十年で変質してきたように思います。食べることが命のためという意識から、見かけや規格化が進み本来の産物の形態が見えなくなってきたこと。加工食品が生まれ、増大し、それに比例して化学食品添加物、農薬といった形で私たち日本人の体に化学物質が紛れ込むようになりました。一方、自然環境では、生存基盤である水、空気、土壌《どじょう》汚染が進行しています。それにどう対処するかが今を生きる私たちの課題だと思うのです」

水が水であり得る地球

雨つづきの空を見上げて、奥さまたちが嘆いています。

「洗濯物が乾《かわ》かないで困ってしまう。よくもまあ、こんなに降るだけの雨があるものだわねえ」

奥さんたちの気持ちもわかります……。

さて、私たちの生命を支えるうえでなくてはならない水も、雨になって降りつづくとうらみの水になりますが、実はこの宇宙広しと言えども、水が水であり得るのは、どうやら地球だけらしいのです。

〝水が水であり得る〟……つまり水は摂氏《せっしれい》〇度以下では固体の氷となり、一〇〇度以上では気体の水蒸気になってしまいます。そうすると私たちが水をごくんごくんと飲むことができるのは、水が液体である、摂氏〇度と一〇〇度の間だからこそ、ということになります。

そこで、なぜ地球だけかといいますと……。太陽系は家族のようなもので、太陽に近いほうから水星、金星、地球、火星、木星、土星、天王《てんのう》星、海王《かいおう》星、冥王《めいおう》星となっていることはご存知の通り。

地球より太陽に近い場所にあるのは水星と金星ですが、ものすごく熱くて、水星の平均温度は一三〇度、金星では平均三三〇度。もうおわかりでしょう。この温度では水は水蒸気となってしまって、液体の水ではあり得ないのです。

では、地球より太陽に遠い火星はどうでしょう。火星は寒いのですね。一日のうち一七度から氷点下七三度までにも下がるというのですから、とても水が液体として存在するのは無理。木星は水素のかたまりですから、水はなし。

まさに水が水であり得て、水が存在するのは、わが地球だけなのです。大自然の恩恵に感謝せずにはおられません。

「一滴の水でも生かして使う心がけがなくてはならん。それが仏道というものだ。無駄にしては水が泣くんだぞー」

どこからか、こんな声が聞こえてくるようです。

〝分け合えば余る、奪い合えば足りない〟

おかげさま農場の高柳さんが語ります。

「住職さん、食べ物はご飯粒ひとつといえども大切にしなくちゃならないということは、私たちの世代では当たり前の話だったんですけどねえ……。今朝、朝ごはんを終えて食卓を見たら、家族が残した食べ物がいっぱいでした。三人の孫たちの茶わんにはご飯が残っているし……。食料不足で多くの人たちが餓死したり、栄養失調におちいっているという現実がある一方で、食べ残して捨てられるたくさんの米があるんだと思ったら、やりきれない気持ちになりましてねえ。これでは今に、取り返しのつかないことが起こる、そんな気がします」

私は高柳さんのことばに心動かされて、語りました。

「新聞や本から仕入れた話ですがね、今、世界の人口は約六十億人。なんと一秒間に三人ずつ増えているそうです。このままではわずか、六十年後に、世界の人口は百億を突破するとのこと。その時、大問題が起こります。

この地球は、百億の人間の胃袋を満たす食料をつくる力はありません。その時に何が起こりますか？　食料戦争です。今まで満腹が当たり前と思っていた人間が、空腹に耐えきれず、食べ物を求めて食料の奪い合いを始めるのです。

特に食料の多くを輸入に頼っている日本は、餓鬼地獄《がきじごく》となりましょう。高柳さん、遠い未来の話ではなく、あなたのお孫さんが餓鬼地獄で苦しむかもしれないのです……」

「いったい、どうしたらいいのですか？」

「問題はあまりにも大きく複雑で、具体的な解決方法は簡単には見つかりません。でも高柳さん、これだけはお孫さんに、いいえ、多くの子どもたちにしっかりと教えておいてください。

〝人間であることを捨てて餓鬼になってはいけない〟、そのためには、〝分け合えば余るけれど、奪い合えば足りない〟ということを肝《きも》に銘《めい》じなさいと……。

これができるのが人間であり、これができてこそ人間です。このことを仏さまは〝智慧《ちえ》〟とおっしゃっている。人間には智慧があるのです。智慧を持っている人間は、きっと餓鬼地獄をつくるようなことはしないと信じたいものです」

高柳さんが確かめるようにつぶやきました。

「分け合えば余る、奪い合えば足りない……」

◯子孫の幸せを先取りしていないでしょうか？

お墓まいりの人影も絶えて夕暮れ迫るお寺の石段に、Yおばあちゃんがチョコンと腰をかけて、物思いにふけっています。少し心配になった私は、そっと声をかけました。

「おばあちゃん、石に座っていては冷えるから、中へお入りください。お茶を一杯いかがですか？」

すると、Yおばあちゃんからこんなことばが返ってきたのです。

「ご住職、私たち現代人はご先祖になれますかねえ。命日やお彼岸《ひがん》・お盆に、家族やご縁のあった方々が、おまいりに来てくださるようなご先祖になれるでしょうか？」

意外な質問を投げかけられ、とまどっている私に、Yおばあちゃんは話しつづけました。

「私が今日おまいりに来たお墓には、私の主人や交通事故で亡くなった息子も眠っておりますが、Y家のたくさんのご先祖がいっしょにおまつりされています。この多くのご先祖さま方は、自分たちの子や孫が生きていけるための、たくさんのものを育て、守り、残してくださったのです。だからこそ、今、私たちはこうして生きていられるのです」

まったく、Yおばあちゃんの言葉通りです。しかしYおばあちゃん、今まで以上に厳しい声で次のように話しはじめました。

「ところがご先祖からいただいた大切なものを、私たち現代人が使いつくし、汚し、メチャメチャにしてしまっているのですよ。つまり、子孫が受け取るべきはずの幸福までを、今生きている私たちが先に取り上げてしまっているのです。こんなことをしている現代人が、私が先祖として、子孫に手を合わせてもらえるでしょうか。

〝ご先祖さん、よくもこんなに汚した地球を残してくれましたね〟〝なぜ私たちの幸せまで先取りして使ったのですか〟とお墓に向かって怒られることにはなりませんか？　ということは、私たちは今のままでは先祖になる資格を持っていないということになりはしませんか！

なんとしても、私たちは今すぐに仏さまがお示しくださった智慧によって、ご先祖になることのできる道を探さねばなりません」

やがてYおばあちゃんは、西の空に向かって手を合わせ、一心にお経を唱えはじめました。あかね色に染まった空へゆっくりと昇っていくその静かな声は、子孫から「ご先祖さま、ありがとうございました」と言われるような人間でありたい、そんな生き方をしたいとの、Yおばあちゃんの心の叫びのようにも聞こえました。

――農夫から、「我々は土を耕している。修行者よ、あなたは何を耕しているのか」と問われたお釈迦さまが、お答えになっています。

「私は人々の心を耕しているのです」

すでに「土を耕し心を耕す人々」はたくさんおいでになるのですが、法華経《ほけきょう》に説かれる〝地《じ》涌《ゆ》の菩薩〟のごとく、今日も明日もお姿を見せてくださることを願わずにはおられません。

5 われらはほとけのこどもなり

〝仏教保育《ほいく》〟とは何か

私は駒澤大学《こまざわだいがく》仏教学部を卒業いたしましたが、クラブ活動は〝児童教育部〟に在籍。四年もの間、〝仏教保育〟について学ぶことができたのです。

部活ながらも、仏教保育に〝いのちがけ〟で取り組んでおられた先生方に指導して頂いたのですが、私が今、幼児や小学生と同じ目線で対話できるのは、そのおかげだと思われてなりません。

指導者のお一人、作詞家・作曲家・そして舞踊家の賀来琢磨《かくたくま》先生から教えて頂いた仏教讃歌は、知らず知らず口ずさんでしまうほどに覚えています。

「ののさま」（塚本貴子／作詩　賀来琢磨／作曲）

ののさまに　あげましょ
きれいな　おはな
ののさまに　あげましょ
きれいな　おみず

〝ののさま〟は申すまでもなく、仏さまのことであり、古来から幼児に教えられた〝仏教保育のことば〟と言えましょう。

「さあ、ののさまにお手を合わせて……」

「ののさまに、お参りしようね」

こんな一言で、私たち日本人は、仏さまに手を合わせ、仏さまをうやまうことの尊さを教えられてきたのです。

私も、たくさんの〝ほとけの子〟とめぐりあうことができました。また〝ほとけの子〟を育てておいでの方々にもたくさんお会いしています。

仏さまのような人って、どんな人？

お寺の幼稚園からの帰り道、毎日送り迎えをしてくれるおばあちゃんにK子ちゃんが問いかけました。

「おばあちゃん、幼稚園の先生が〝仏さまのような人になってね〟っていつも言うんだけどね。仏さまのような人って、どんな人のことなの？」

おばあちゃんは少し困りましたが、こんなふうに答えたとのこと。

「仏さまのような人って、お日さまやお月さまのような人のことね……」

K子ちゃん、不思議そうな顔をして問い直しました。

「ええーっ、お日さまやお月さま？……」

「そうよ。お日さまやお月さまは、いつでも、どこでも、誰でも、分けへだてなく照らしてくれるでしょう。K子ちゃんのお家《うち》は照らすけど、S君のお家は照らしてやらないなんて言わないものね。

だからね、お日さまやお月さまのように、あの子は好き、あの子は嫌いなんて言わないで、みんなにやさしくできる人のことを、仏さまのような人って言うのね」

「ふうーん。仏さまのような人って、お日さまやお月さまのような人のことか」

続けておばあちゃんが言いました。

「そうね、仏さまのような人って、美しいお花のようと言ってもいいわね」

「今度はお花？……」

K子ちゃん、また納得がいかない様子です。

「そう。美しいお花は、〝あっ、きれいだな〟とか〝なんていい匂いなんだろう〟って思わせて、人の心をとてもうれしくさせるわよね。

おばあちゃんはね、お家にお花があると、〝なんて幸せなんだろう〟って思うの。仏さまのような人はね、このお花のように、〝この人がいて、私はとても幸せだな〟ってほかの人に思わせるような人のことを言うのよ。

K子ちゃん、おばあちゃんはあなたがいてとても幸せよ！　だからあなたは、仏さまのような人なのよ！」

「え？　私が仏さまのような人？」

「そうよ！　K子ちゃんは仏さまよ！　大きくなっても、誰からも〝あなたがいてよかった〟って言われるような人になってね」

おばあちゃんに仏さまのような人と言われたK子ちゃん、笑顔で、家に向かってかけだしました。

動物の死に学ぶ小学生たち

涼しい風が木々の間を渡る日曜日朝です。境内《けいだい》の掃除をしていると、小学五年生のA君が、何やら大切そうにかかえてやってきました。

そして小さな声で、

「和尚《おしょう》さん、犬でもお葬式をしてくれますか?」

というのです。よくよく聞いてみると、A君が幼稚園のころから仲よしだった小型犬のタローが死んでしまったとのこと。A君、ずいぶん泣いたらしく、赤い目をしています。

「いいとも。犬でもちゃんとお葬式してあげるよ。君と今日までずっといっしょに生きてきた大切な家族だものね」

私は犬のなきがらをきれいな箱に納めると、法衣《ほうえ》に着替えてA君と二人きりのお葬式をしました。

「さあ、これで犬のタローも仏さまだ」

そういってA君をなぐさめる私に、

「ありがとうございました」

と、ていねいに頭を下げながら、A君が白い封筒を差し出しました。

「A君、これなあに？」

「お布施《ふせ》です。おばあちゃんから教えられました」

「ほほう、お布施をいただけるのかね？」

「はい。お年玉を残していましたから、その中から持ってきました。受け取ってください」

A君の真剣なまなざしに、私は心熱くなる思いでいいました。

「ありがとう。A君、このお布施で清々《すがすが》しい香りのお線香を買って来てよ。タローの命日に、二人でご供養《くよう》しようよ。タローは、これからは君の心の中に生きるんだよ。君が思い出せば、タローはいつでも君のところへ帰ってくるからね」

実は、このことが子どもたちに伝わり、死んでしまった小鳥や猫、中には金魚まで持ってきて、お葬式を頼むようになりました。

私のお寺では山桜のもとを動物のお墓として、子どもたちの依頼にこたえています。

目を閉じてじっと手を合わせている子どもたちを見ていると、愛するペットの死を通して〝生あるものは必ず死ぬ〟〝あれほどかわいかった犬や猫とも、必ず別れなければならない〟ということ、つまり、お釈迦さまがお示しになった「生者必滅《しょうじゃひつめつ》、会者定離《えしゃじょうり》」を学んでいると思われてなりません。子どもたちは、よく花やお菓子を持って供養にやってくるのですが、この体験を通して生命《いのち》の尊さを知り、生命《いのち》を大切にする「ほとけの子」になろうとしているのです。

仏さまはうそつかないよね

私のお寺へケン君が遊びにくるようになって十年。

ケン君は生まれつき知的障害を持っていましたが、両親の深い愛情に包まれてすくすく成長し、今は定時制高校の一年生です。

ケン君はお寺の広い本堂が大好きでした。私が読経《どきょう》を始めると、横にすわって手を合わせ、ときおり私のまねをして、ゴーンと鐘《かね》を打ったり、木魚を打ったり……。

すっかりお寺になじんでいたケン君が、高校に進学できるかどうかという難問にぶつかったのは、中学三年生の秋でした。

ケン君は高校に進学できることをとても楽しみにしています。ケン君が大いばりで語りました。

「おれ、今度、高校生になるんだぞ……住職さんはなれないよおー。うらやましいだろう！」

「ケン君、高校生になるの！　うらやましいなあ。私もいっしょに連れてってよ。たのむよ。

ケン君とは長い間の友達じゃないか……」

「だめだよ。おれでなきゃ、高校生になれないよ！　住職さんはだめー」

ところが、知的障害児の入学に難色《なんしょく》を示す高校も少なくないことがわかったのです。

ケン君のご両親はもちろん、同じ障害児を持つお母さんたちも、ケン君の高校進学を実現させようと活動を始めました。

そんなある日、ひょっこりお寺にやってきたケン君が、私に問いかけました。

「住職さん、おれ、聞きたいことがあるんだけど」

いつも元気なケン君、今日は様子がちがいます。

「どうしたのケン君、何かあったの？」

「仏さまはうそつかないよね」

「うん、仏さまはうそつかないよ……」

「だったら、どうしておれ高校に行けないの？　仏さまうそついてる……。あのね、学校の友達がね、お前なんか高校生になれないんだぞって教えてくれた……。でも、いつも仏さまにいろんなこと聞いてたら、高校生になれるよって言ってたもん！　仏さまはうそつかないよね。おれ高校生になれるよね！」

私は思わずケン君をだきしめて告げました。

「ケン君はもうすぐ高校一年生になるよ。仏さまはうそをつかれない！　心配しなくてもいいよ。さあ、いつもの元気なケン君にもどれよ！」

定時制高校教師の友人から、ケン君の合格の知らせが届いたのはそれから間もなくのことでした。

学生服を着たケン君が、本堂に座って手を合わせたあと、笑顔で語ります。

「住職さん、やっぱり、仏さまはうそをつかなかったね……」

ケン君のお母さんからの便りに、こんな一言が記されていました。

〈ケンは、お寺さまと仏さまと深いご縁をいただいて幸せです〉

○われらはほとけのこどもなり

毎週、日曜学校で、子どもたちと歌った、仏教讃歌も忘れることはできません。

「ほとけのこども」（秋田洪範／作詩　沢康雄／作曲）

われらは　ほとけのこどもなり
うれしいときも　かなしいときも
みおやの　そでに　すがりなん
われらは　ほとけのこどもなり
おさないときも　おいたるときも
みおやに　かわらず　つかえなん

幼児も私たち大人も、みんなみんなお釈迦さまのみ教えに生きる〝仏の子〟にちがいないのです。

時々レストランで見かけますが、数人の子ども連れのお父さんとお母さんが、料理が並ぶとみんなに声をかけています。

「さあ、手を合わせて、ハイッ、いただきます！」

家族の声がそろいます。

「いただきます！」

そして食事を終えた家族は、

「ごちそうさまでした！」

と手を合わせます。

これは家庭でできる仏教保育と思われてなりません。

6 あなた方、みんな仏《ほとけ》さまです

今年も新年度が始まり、中学校・高等学校から「お寺での合宿をお願いします」との電話が入ります。

一泊、二泊、と期間は各々《おのおの》ですが、日頃動きっぱなしの生徒たちにとって坐禅《ざぜん》や写経《しゃきょう》の時間は〝静止する〟のですから、難行苦行《なんぎょうくぎょう》。シクシクと泣き出す生徒も少なくありません。

そんな生徒も、日課を終えた後は、大らかな、安らいだ顔を見せて、美しい少年少女にもどっています。

とりわけ就寝《しゅうしん》前の坐禅。静寂の中に身をおく生徒たちは、想像以上に真剣に、打ち込んでいます。

坐禅を終えた後に、こんな質問が出るのです。

「仏さまって、誰のことですか?」

私は短く答えます。

「あなた方のことです。皆さんは仏さまですよ」

あちこちからおどろきの声が上がります。

「えー、おれたちが仏さまって、ウソー」

「わたし、仏さまなんかじゃない」

そんな生徒に、〝みんな仏さまです〟ということをテーマにして、いくつかの実話を語るのです。

「お母さんはぼくのむねの中にいます」

交通事故でお母さんを亡くしてから一年。

新盆《にいぼん》を迎えた高校二年生K子さんの涙は、まだ止まりません。

K子さんを幼い頃から知っている私は、ゆっくり語りかけました。

「K子さん、お母さんはどこにいると思う? もう手の届かない遠いところへ行ってしまったと思ってる? ところでね、ここに小学校一年生の少年が書いた作文があるんだ。私が若い頃、尊敬するT校長先生にいただいたんだ。読んでみてよ……」

それは次のような作文です。

おかあさん

おかあさん、おかあさん、ぼくがいくらよんでもへんじをしてくれないのです。あのやさしいおかあさんは、もうぼくのそばにいないのです。なくなってしまったのです。

きょねんの十二月の十日にかまくらのびょういんで、ながい病気でなくなったのです。いまぼくは、たのしみにしていた小学一年生になり、元気に学校にかよっています。あたらしいようふく、ぼうし、ランドセル、くつで、りっぱな一年生をおかあさんにみせたいと思います。

ぼくはあかんぼうのときおとうさんをなくしたので、きょうだいもなくおかあさんとふたりきりでした。そのおかあさんまでがぼくをひとりおいて、おとうさんのいるおはかへいってしまったのです。

いまおじさん、おばさんの家にいます。毎日学校にいくまえに、おかあさんのいるぶつだんにむかって、いってまいりますをするので、おかあさんがすぐそばにいるような気がします。べんきょうをよくして、おとうさん、おかあさんによろこんでもらえるようなよいこになります。

でも、学校で先生が、おとうさんやおかあさんの話をされると、ぼくはさびしくてたまりません。

でもぼくにもおかあさんはあります。いつもぼくのむねの中にいて、ぼくのことをみています。ぼくの大すきなおかあさんは、おとなりのミイちゃんやヨッちゃんのおかあさんより、いちばん、いちばんよいおかあさんだと思います。

おかあさん、ぼくはりっぱな人になりますから、いつまでも、いつまでもぼくのむねの中からどこへもいかずにみていてください。


読み終えたK子さんが、涙をふきながら私に告げました。

「この子のお母さんは、この子の胸の中にいらっしゃるんですね。私のお母さんも、私の胸の中にいて私を見守っているんですね。お母さんは、どこにも行っていないんですね。私のそばにいるんですね……」

亡き人はどこへ行くのでしょうか。どこにも行きません。亡き人は、愛し愛された人のもとで生きつづけるのです。このことに気づいたK子さんは、仏さまと同じやさしい笑顔にもどっていました。

O君の水ごりの祈り

O君は現在中学三年生。高校受験をひかえて深夜まで勉強をしていた時、悲しい知らせが入ったのです。お母さんが叫ぶように告げました。

「お父さんが交通事故で意識不明だって！　N病院に救急車で運ばれたらしいので、すぐに行くわよ！」

一命は取りとめたものの、お父さんに病院のベッドの上で目を閉じたまま、小さく息をするばかりです。

O君が、耳もとで何度も呼びかけました。

「お父さん、目を開けて！　お父さん！」

その夜から一ヵ月が過ぎようとしていました。お母さんは毎日つきそいで病院から帰ってきません。勉強も手につかなかったO君は、毎晩おばあちゃんと二人きりの夕食を続けていました。

そんなある日、おばあちゃんがつぶやきます。

「ああ、手足が不自由でなければ、あの子のために水ごりでも取って、仏さまに早く目をさますようにお願いしてやりたい……」

おばあちゃんの言うあの子とは息子、つまりO君のお父さんのこと。O君がたずねました。

「おばあちゃん、水ごりって、何?」

「水ごりってね、仏さまや神さまにお願い事をするため、冷たい水を体に浴びてきれいにするの。何度も何度も水をかけて体を洗い、お願いすることなの。昔の人は、悲しいことや苦しいことが起きたら、水ごりを取って仏さまや神さまにお願いしたものなの。お父さんが早く目をさますように、おばあちゃんも水ごりをさせていただきたいのだけど……」

その夜遅くのことです。

心配で眠れないおばあちゃんの耳に、激しい水の音が聞こえたのです。

〝ザー、ビシャビシャ、ザー、ビシャビシャ〟

それは浴室の方から聞こえてきます。おばあちゃんは、重い足を引きずりながら浴室の前に立ちました。

「仏さま、お父さんを助けてください。〝ザー、ビシャビシャ〟。仏さま、お父さんを助けてください。〝ザー、ビシャビシャ〟」

Ｏ君の声にちがいありません。声と水音は、いつまでもいつまでも続きます。おばあちゃんは、すぐに浴室の扉を開けてＯ君を抱きしめようとしたのですが、思いとどまりました。なぜなら、〝あの子は、今、一心にお父さんを救おうとしている。一途《いちず》に仏さまにお願いしている。あの子は精いっぱい祈ってる。そっとしておいてあげよう〟と思ったからです。

涙をこらえながら、おばあちゃんはお仏壇に向かいました。そして手を合わせて繰り返し唱えたのです。

「仏さま、あの子の願いを聞き届けてやってください。お願いします……」

夜ふけになって、おばあちゃんのふとんの中にＯ君が入り込んできます。

おばあちゃんが言いました。

「お前、水ごり取ったんだね。寒かっただろう？」

「お父さんに早く目をさましてほしいと思ったら、寒くも冷たくもなかったよ」

Ｏ君の水ごりは毎日続きました。そして、Ｏ君の願いが届いたのは、およそ一ヵ月後のこと。お父さんが目覚めたのです。でもお父さんは、話すことができません。お父さんが

「お前、お父さんのために水ごり取ってくれたんだって！」

と言いながら、O君を抱きしめる日もそう遠くはないはずです。

ここにも仏さまになった少年がいました。

夏なのになぜ長袖の制服なの

朝早く、門前の掃除をしていた私に、顔なじみの高校生M子さんが明るく語りかけてきました。

「おはようございます。住職さん、私の姿を見て何か気づきませんか？ どこか変わったところありませんか？」

「うーん、いつもとかわらないようだけど……」

「住職さん、もっとよく私を見て！ ほら、制服が変わったでしょう？ 新学期からの新しい制服、ちょっと早いけど着てみたの。すてきでしょ？」

「言われてみればそうだなあ！ 制服かあ。そうだM子さん、ちょっとここに座らない？ 制服といわれて少しばかり思いだしたことがあるんだ……」

私は、M子さんにこんな話をしたのです。

「私が尊敬するお坊さんからうかがった話なんだけどね。敗戦国日本にようやく希望の光が見えはじめたころのこと。広島県のある女子高校で、念願の制服を作ることになったんだ。

夏が近づいたので、まず夏用の制服からつくることになってね。先生と生徒の意見がとり入れられたすばらしいデザインが出来上がった。当然、夏用だから半袖だよね。いよいよ制作にかかることになったある日、校長室に何人かの女子生徒がおとずれて訴えたことは……

『校長先生、夏用でも長袖にしてください』

校長先生が問い返される。

『今度つくる制服は、みなさん知っているように夏用ですよ。夏用の制服を長袖にしたら暑いでしょう……』

すると、女子生徒の一人が一心に訴えたんだ。

『校長先生、私のクラスにも他のクラスにも、原爆の被害を受けた友達がいます。被爆して肌に大きなやけどのあとが残っている友達も少なくありません。半袖では、やけどのあとが見えてしまいます。人の目にさらされることがどれほどつらいことかと……。お願いします。半袖はやめて長袖にしてください。被爆した友達の心の中の火傷もいやすことができるなら、私たち、長袖の暑さなんて平気です。夏の制服も長袖にしてください！』」

M子さんが問い返して来ました。

「……それで、長袖になったんですか？」

「校長先生も、すべての生徒も大賛成のうちに、夏の制服でも長袖になったということだ」

「みんな仏さまたちですね……」

「この話をしてくださったお坊さんも、『人間は、みんなやさしい心を持っている。やさしい心を持っているんだから、それを惜しみなく使ってほしい。やさしい心を、惜しみなく使う生き方をしてほしい。そんな人を仏さまって呼ぶんだ』って言っておられたよ」

目にうっすらと涙をうかべてM子さんが言いました。

「私も仏さまになりたいな……」

自分の花を咲かそう　自分の光を放とう

合宿を終えた学校から感想文が送られて来ます。苦しかった坐禅と写経のこと。そして、私から聞いた実話から受けた思いがつづられています。

「正直苦しかった。でも、住職さんのお話を聞いて、人間ってとてもやさしい心を持っていることがわかりました。ボクも自分のやさしさを探しながら生きていきます。」

女子高生のK子さんは……。

「私は、人間って、そんな良い子になったり、やさしい心なんて持ってないと思っていました。だからイジメもやったことのある人間です。でも、私、考え違いをしていたようです。人間の心の奥深くには〝仏さま〟が住んでいるのですね。合宿を終えた夜、私も仏さまになりたいと思うと、涙が止まりませんでした……」

合宿の最後の日は校歌斉唱《せいしょう》で終わります。そして私は、次のことばを記した自作のカードを手渡して見送ることにしています。

人と自分はちがう
くらべることはない
自分の花を咲かそう
自分の光を放とう
みんな　みんな　仏さま

〝人皆是吾子《ひとみなこれわがこ》〟とお釈迦さまがお示しです。

さあ、今年も合宿にやって来る〝若き仏さま〟を迎える準備をいたしましょう。

あとがき

三歳の時に父と、十三歳の時に母と死別した私は、多くの方々に養育して頂きました。

とりわけ、僧侶の道へ導いてくださった師匠のことを思えば、七十歳になった今も報恩《ほうおん》の生き方を模索するばかりです。

そんな私が、報恩行《ほうおんぎょう》の一つとして続けさせて頂いたことは、仏さまの教えを「易しく」「優しく」お伝えすることでした。

理由は、「仏教をわかりやすくお伝えする」「〝わかりやすさ〟は〝やさしさ〟にも通じる」と信じたからに他なりません。

師匠から頂いた教えに、「やさしさを持つ人になれ」というひと言がありました。私の座右《ざゆう》の銘《めい》です。

そして多くの人々との出会いから、やさしさを持っている方々がたくさんおいでになることを学びました。

「お前がいるから父さんは幸せなんだ。だから、無駄に生命を落とすような危険な暴走運転はやめてくれないか……」

お父さんのこのひと言で、暴走族をやめて真剣に生きはじめた若者がいます。父親のやさしさが彼を変えたのです。

スイミングスクールをたずねて、

「私も八十四歳、三途《さんず》の川を渡りきりたいから水泳を教えてください」

と言ったおばあちゃん。そばにいた孫のK子ちゃんが告げました

「先生、もし、おばあちゃんが三途の川を渡りきったら、もう一度私のところへかえってこられるような泳ぎ方を教えてください」

K子ちゃんのこのやさしいひと言に、おばあちゃんは大泣き。九十五歳という長寿の人生を生き切りました。

みずからは難病に苦しみながらも、

「もし、あなたに不幸なこと、苦しいことが起きたら、私にも分けてね」

と訴える友のやさしさで、自殺を思いとどまり、生へ方向転換した女性もいます。

本当に真心から出たやさしさは、生きる力を生み出すものなのですね。

今夏。お盆行事の一つである施食会《せじきえ》で、親友岡本和幸老師（千葉県・真光寺住職）が法話で語られたひと言に感銘を受けました。

「私たち僧侶は、お釈迦さまの夢を実現させるために存在しているのです。お釈迦さまの夢とは、皆さんを幸せにすることです」

お釈迦さまの夢……。納得しました。

そうなんですね。私も生ある限り、お釈迦さまの夢実現のお手伝いをさせて頂きましょう。正に「いのち輝かす仏教」の実践です。

師匠の愛読誌「大法輪」に出会ったのは小学生の時でした。町の本屋〝ひさや〟さんから、一ヵ月に一度、山寺に届きます。やがて中学生から自転車通学になった私が引き継ぎました。

忘れることの出来ない月刊誌「大法輪」に執筆させて頂きましたことで、一つ師匠への恩返しができたと思われてなりません。

ご担当頂きました佐々木隆友さんはじめ大法輪閣編集部の皆さまに心より感謝し、御礼申し上げます。ありがとうございました。

平成二十七年　八月　秋

長寿院書院にて

篠原　鋭一　九拝

本書は、月刊『大法輪』平成二十五年（二〇一三年）六月号から平成二十七年（二〇一六年）六月号まで連載したものを、単行本化したものです。

篠原　鋭一（しのはら・えいいち）

千葉県成田市名古屋・曹洞宗長寿院 住職。1944 年兵庫県豊岡市生まれ。駒澤大学仏教学部卒業。

曹洞宗総合研究センター講師、同宗千葉県宗務所所長を歴任。「できることからボランティア会」代表。

〝生きること〟〝いのち〟をテーマとした全国での講演多数。

現在、ＮＰＯ法人「自殺防止ネットワーク風（かぜ）」理事長。

著書に『みんなで読んでほしい本当の話』（興山舎）、『もしもし、生きてていいですか？』（ワニブックス）、『どんなときでも、出口はあるよ』（WAVE 出版）など。

ＮＰＯ法人「自殺防止ネットワーク風」
電話：0476－96－3908
http://www.soudannet-kaze.jp

いのち輝《かがや》かす仏教《ぶっきょう》――心が疲れた人に届けたい 21 のメッセージ

平成 27 年　9 月　18 日　初版第 1 刷発行

著者	篠原鋭一
発行人	石原大道
印刷・製本	三協美術印刷株式会社
発行所	有限会社 大法輪閣 〒 150-0011 東京都渋谷区東 2－5－36 大泉ビル2F TEL　(03) 5466-1401(代表) 振替　00130-8-19 番 http://www.daihorin-kaku.com

ISBN978-4-8046-1375-8　C0015